JN074264

子どもの
心の世界がみえる

太田ステージを通した発達支援の展開

 立松英子　 齋藤厚子

学苑社

　本書には、科学研究費補助金による「放課後等デイサービスの専門性向上に関する研究」（基盤研究C：19K02243））において行なった実践研究の成果も含まれています。どちらも最終目的は、「子どもの最善の利益」であることを申し添えておきます。

はじめに

　医療・教育・福祉が連携して子どもの発達を支援する時代になっています。「太田ステージ評価」（太田・永井，1992）は精神科医療の自閉症治療から生まれましたが、現在では、障害種にかかわらず、子どもの発達を捉える指標として、教育や福祉の分野で広く使われるようになっています。心理尺度の１つであることから、子どもの能力を振り分けたり、知的発達の程度を判断するためのツールといった観点で捉えられがちですが、開発者で児童精神科医の太田昌孝先生は当初から、この尺度を使うと「子どもの心の世界がよくわかる」とおっしゃっていました。

　本書は若き日に太田先生のもとで学び、医療（心理）・福祉・教育の分野で経験を積んだ２名の療育者が、それぞれの仕事を通して行なった研究や発達支援の実践について紹介するものです。また、重症心身障害児者に関する部分は、近年医療的ケアの必要な子どもへ療育の必要性が高まっていることから、太田ステージ研究会の役員である亀井真由美先生のご快諾を得て、研究や実践を引用させていただきました。

　「発達支援」は広い概念であり、もとよりさまざまなアプローチが存在しますが、太田ステージはそれらのどれとも対立するものではなく、児童精神医学や発達心理学に立脚した科学であり、表象機能、すなわち太田先生が「心の世界」と呼んだ、人間の成長に伴って段階的に変化する内的世界の広がりを捉えるものです。

　本書は、『自閉症治療の到達点』『認知発達治療の実践マニュアル』（1992）及び『自閉症治療の到達点　第２版』（2015）（日本文化科学社）を原著とし、より広い対象への適用を念頭に執筆しました。本書の目的は、「太田ステージ評価」を本来の理念に基づき心の世界を知る道具として捉え、トータルな人間的成長を支えるアプローチとして、適応行動の獲得にも行動障害の予防にも、保護者支援にも役立てていく視点を提供することです。第１部は、太田ステージの背景となる理論を、第２部では共著者がそれぞれの職場で実践したことを事例に基づいてご紹介します。理論編で「かかわりの科学」としての太田ステージの理念が理解されることにより、実践編の意味も一層深く伝わると信じております。

立松英子

目次

はじめに …………………………………………………………………………………… *1*

第 1 部　理論編

第1章　太田ステージの今日的意義 …………………… *6*

第1節　太田ステージと療育や特別支援教育との接点 ………… *6*
第2節　太田ステージの成り立ちと信頼性・妥当性の確立 ………… *8*

第2章　太田ステージで使う用語と定義・実施手順 ……… *12*

第1節　用語の表記 …………………………………………………… *12*
第2節　定義と実施手順 ……………………………………………… *13*

第3章　「かかわりの科学」としての太田ステージ ……… *22*

第1節　太田ステージと心の世界 ………………………………… *22*
第2節　発達の諸原則 ………………………………………………… *23*
第3節　太田ステージの核となる概念 …………………………… *26*
第4節　各段階で異なる心の世界 ………………………………… *28*

第4章　太田ステージを礎とする発達支援 ……………… *31*

第1節　認知発達治療から発達支援へ …………………………… *31*
第2節　重症心身障害者への適用 ………………………………… *33*
第3節　知的障害への適用──見逃せない視覚－運動機能の視点 ………… *42*
第4節　学校教育への導入 ………………………………………… *48*

第2部　実践編

第5章　福祉の分野から
　　　　　──保育所など子どもの施設での実践を中心に ………… 56

　　第1節　日常のかかわりを通しての太田ステージ評価 ………… 56
　　第2節　触ってわかる世界を共有する（Stage Ⅰ）………… 57
　　第3節　言葉の世界での戸惑いに気づき寄り添う（Stage Ⅱ～Ⅲ-1）………… 67
　　第4節　人とのかかわりの困難さを理解し橋渡しをする（Stage Ⅲ-2～Ⅳ）…… 77
　　第5節　まとめ──日々の子ども姿を通して理解する太田ステージ ………… 84

第6章　心理の分野から
　　　　　──重症心身障害者の行動障害への対応 ………… 85

　　第1節　重症心身障害者とASD特性 ………… 85
　　第2節　心理職としての取り組み ………… 85

第7章　教育の分野から
　　　　　──療育と学校教育と ………… 91

　　第1節　就学前の療育（事例1：Stage Ⅳ）………… 91
　　第2節　小学校の巡回相談から ………… 104
　　第3節　特別支援学校中学部（事例2：Stage Ⅲ-1）………… 110
　　第4節　特別支援学校高等部（事例3：Stage Ⅰ-2）………… 117

第8章　太田 Stage と教材教具を使った発達支援 ………… *123*

第1節　Stage Ⅰ　シンボル機能が認められない段階 ……………… *123*

第2節　Stage Ⅱ　シンボル機能の芽生えの段階 ………………………… *128*

第3節　Stage Ⅲ-1　シンボル機能がはっきりと認められる段階 …………… *130*

第4節　Stage Ⅲ-2　概念の芽生えの段階 …………………………………… *134*

第5節　Stage Ⅳ　基本的な関係の概念が形成された段階 ………………… *138*

資料1　本書のキーワードとその解説 …………………………………………… *141*

資料2　太田 Stage と手の発達・教材教具の系統化表 ……………………… *145*

図表・写真リスト ……………………………………………………………………… *148*

あとがき ………………………………………………………………………………… *149*

文　献 …………………………………………………………………………………… *151*

著者紹介 ………………………………………………………………………………… *156*

第1部
理論編

第1部では、太田ステージの成り立ちや理論的背景、教育や福祉分野への発展の経過を通して、「太田ステージ評価」を活用して発達支援を行なう際の、前提となる考え方について概説します。

第 1 章
太田ステージの今日的意義

第1節　太田ステージと療育や特別支援教育との接点

　小さい子どもを育てながら、ふとその成長に疑問や不安を感じるとき、人は何を目安にしているのでしょうか。

　6ヵ月になったらお座りをする、1歳になったら立ち上がる、言葉が出る、3歳になったら対話ができるなどは、順調な育ちを示す目安として一般によく知られています。生活年齢相応の育ちを「定型発達」といい、その目安は発達指標（マイルストーン）と呼ばれています。子育てにかかわる大人たちは、特に発達の専門家ではなくても、ごく自然にこれらの指標を使いながら子どもの成長を見守っています。作業療法士や心理職などの専門家が使うマイルストーンはこれらよりもずっと細かいですが、表面に現れる子どもの行動から判断していることに変わりはありません。

　法定健診としての1歳半健診では、自閉スペクトラム症（Autism Spectrum Disorder: ASD）を疑う目安として、しばしば「視線の共有（共同注視）」が使われます。すなわち、大人が指さした先を見る（生後10ヵ月くらいに出現）、大人の視線を誘うために身振りを使う（12ヵ月くらいに出現）を「共同注視」といい、特に前者で反応がみられない場合に、自閉スペクトラム症の存在を疑うというものです（Mundy & Crowson, 1997）。もちろん、これだけで判断するわけではなく、診断につながるきっかけにすぎません。しかし、このような、行動でわかる発達の目安（指標）を知っておくことは、障害の有無にかかわらず、適切なかかわりを見通すための道しるべとなり、一般的な子育てにおいても役に立つといえます。

　言語の理解や言葉による自己表現に弱さのある子どもの発達評価は、このように、実際の行動に基づいて行なわれます。療育への導入時にしばしば使われる、「遠城寺式乳

幼児発達検査」や「K式発達検査」は、こうした指標を集めて作成された心理尺度（評価ツール）であり、用具を使って直接子どもの反応を観察しながら行ないます。検査の結果はDQ（発達指数）で表され、100を中心にその前後20〜30％くらいを定型発達とします。ただし、指標となる行動が現れる時期は、民族によっても文化によっても、そして個性によっても一定の幅があるため、通常は、個人差があることを前提に、時間をかけて様子を見ていきます。

　しかし、専門家が行なうフォーマルな評価にたどり着くには、まずは病院や相談機関の門を叩くという意識のハードルがあり、手続きにも時間がかかるだけでなく、また、検査の実施者がその後の療育を担当するとは限りません。多くは、療育活動を直接提供する職種が評価の結果を引き継いでいくことになりますが、評価が最大限に生かされる実践を行なうためにも専門的な知識と経験が必要です。「発達支援センター」などの専門機関では、心理判定を行なう心理職と直接的な支援を行なう児童指導員や保育士、作業療法士などが集まって意見交換をしながら療育を進めていますが、専門家集団によるこうした「ケース会議」の恩恵を受けることができる子どもの数は全体から見ればごくわずかです。学校や保育所などでは評価者から説明を聞くことすらまれであると考えられます。

　近年、「障害者の権利に関する条約」（国連，2006）の理念を受けて子育て支援の裾野は格段に広がり、今や療育は専門医療機関だけで行なうものではなく、医療・福祉・教育のあらゆる場で行なうことが制度上でも保障されるようになってきました。福祉行政による相談支援や通所支援サービス（児童発達支援や放課後等デイサービス）も普及してきており、これらのサービスは診断が確定していなくても受けることができます。「児童発達支援ガイドライン」（厚生労働省，2017a）や「放課後等デイサービスガイドライン」（厚生労働省，2015）においては、通所支援サービスの目的として、子どもの居場所の確保や保護者のレスパイト（休息）に加え、「発達支援（療育）」が明確に記載されています。一方で、これらのサービスを新しく始めた事業所等では、目の前の子どもとどのようにコミュニケーションしたらよいのか、模索をしているところもあるでしょう。「太田ステージ評価」は、このような時代に、専門的なアプローチと、地域の子育て機関における療育との間のハードルを緩和する役割を果たしていく可能性があります。

　言語の理解や言葉による自己表現に弱さのある子どもの発達は外側に現れた行動で判

断すると述べましたが、一般的には、日常行動から子どもの「心の世界」を推し量ることは難しいものです。子育てをしながら大人が感じる戸惑い（どうしてこんなことするの？　どうして○○してくれないの？　など）はそのことを示しており、そもそも言語の発達途中にあった自分自身の「心の世界」の記憶をもち合わせている大人は少なく（Simcock & Hayne, 2002）、大人の感覚を基準として子どもの「心の世界」を想像することが難しいのは、当然といえるでしょう。

　「太田ステージ評価」はこれらのギャップを越えて、子どもの内面を操作的に判断するように作成されています。開発者である太田昌孝も、常に子どもの「心の世界」を理解しようとし、できるだけ簡便な操作で発達の本質を捉えようとしていました。「はじめに」で言及した本書の目的は、そうした当初の考えから外れることなく、子どものトータルな人間的成長を支えるものとして「太田ステージ評価」を使っていただきたいという願いに根差しています。

第2節　太田ステージの成り立ちと信頼性・妥当性の確立

　東京大学医学部附属病院精神神経科の小児部門は、現在では、「こころの発達診療部」という名前で独立しています。しかし、1970年代、「太田ステージ評価」の開発者である太田昌孝がチームリーダーであった頃は、独立した部門としては認められていませんでした。小児のための取り組みは小児外来と「デイケア」に分かれ、「デイケア」では、就学前の幼児のみを対象に、週2回、1回5時間の濃密な治療教育が行なわれていました。児童精神科医の太田昌孝を中心に、心理や保育のスタッフがチームとなり、綿密な行動観察とディスカッションに基づき、特に自閉症に関する臨床研究に力を入れていました。時代はようやく自閉症が心因性の情緒障害（親の育て方のせい）や早期の精神分裂病（現在の「統合失調症」）であるという考えから脱したばかりであり、その後、行動療法から認知発達治療へと取り組みの重点をシフトしていったことは先駆的な着眼であったといえます。筆者（立松）が臨床心理学の卒業論文を書くためにここで学んだのは、ちょうどオペラント型の行動療法から認知発達に焦点を当てた取り組みへと切り替えつつあった1970年代後半であり、熱心に行動観察・記録・ディスカッションに取り組んでいたスタッフの様子を目の当たりにすることができました。当時「保育の6領域」と

された「身辺自立、言語、感情、対人、運動、自然」を視点とした日常行動の観察に加え、「クレーン現象」など自閉症に独特の行動と思われていたものについても、本来は他者に向けた発信行動であるということを、意図的な環境設定の中で科学的に立証しようとしていました[1]。そんな中で、その頃の行動療法に伴う、「成果はあるが、自閉症の子どもは見かけの行動だけを学んでしまいがちなこと、学習されたことが家庭や保育所に般化しにくいこと、治療者が一つひとつの行動の変化ばかりに注目し、全人的に見た発達という視点に欠けてしまいがちなこと」が反省点として挙げられ、「行動全体を支える認知や言語など精神構造そのものに働きかけること」に治療の焦点が当てられるようになっていきました（永井ら，1991）。

　筆者（立松）が学校教育に「太田ステージ評価」を取り入れ始めたのはこの 10 年以上後の 1990 年代でしたが、しばしば「人を数値で評価するなんて」「認知が全てじゃない」「心が大事」「社会性が大事」「全人的な発達に目を向けなければ」などの強いご批判をいただき驚きました。上記のような経過からすれば、学校では当時の太田らの考えとは真逆の受け止められ方をしたのだといえます。その頃の学校には、1970 年代前半の世界的な知能検査批判の流れが根強く残っており、心理検査≒差別という考え方が支配的だったのではないかと推測します。

　1980 年に入り、太田昌孝は、自閉症の基本障害を表象機能の発達にあるとし、その発達にいくつかの段階があることを指摘しました（太田，1980，1983）。それらは、①表象能力がほとんど認められない段階、②表象能力の芽生えが認められる段階、③表象能力がはっきりと認められる段階、④基本的な関係の概念が形成された段階、と仮説的に示され、これらは、現在の「太田ステージ評価」の定義である Stage Ⅰ（①）、Stage Ⅱ（②）、Stage Ⅲ（③）、Stage Ⅳ（④）につながっています。この着想は、田中ビネー知能検査の課題の中に自閉症では特に通過しにくい課題があったことに由来していますが、ピアジェの認知発達段階との整合性も高く、認知発達が質的段階的変化として子どもの行動に現れるという科学的な事実を反映しています。後に Stage Ⅲ は、「3 つの丸

---

1)　太田ら（2015）はその結果、「ASD の子どもの示すクレーン現象は、人への要求手段が多様化しておらず、感覚運動期の中でもより認知発達の初期の段階にあり、指さしの獲得以前の段階であることを示している。定型発達の子どもでも、クレーン現象は感覚運動期の第 4 期（筆者注：次章表 3 参照）、月齢では 8 ヵ月から 12 ヵ月くらいの間に現れるとされている。クレーン現象を主な手段としている ASD の子どもは、この時期に相応する認知構造であることが推測される」としています。

の比較（LDT-R3）」により Stage Ⅲ-1 と Stage Ⅲ-2 とに分けられますが、これはピア
ジェの段階分けには見られない、太田独自の視点によるものです[2]。

　その後、デイケアのチームは、厚生省心身障害研究班の「自閉症の本態、原因と治療
法に関する研究」（昭和 56 年度 - 58 年度）に参加し、仮説であった Stage 分けの妥当性
と有用性についての実証研究を行います（太田，1984；永井ら，1984，1985，1986）。そ
の結果、①テスト - 再テストの間の信頼性及び評価者間の内的信頼性が高い、②発達に
おける順序性の法則とよく一致している、③各 Stage の認知能力に明瞭な相違がある、
④各 Stage における認知の構造が質的にほぼ妥当である、の 4 点を実証し、「太田ステ
ージ評価」の発達評価としての妥当性を確認しました（永井ら，1991）。

　1987 年、太田昌孝は国際的な学会誌である "Journal of Autism and Developmental
Disorders" に、"Cognitive disorders of infantile autism: A study employing the WISC,
spatial relationship conceptualization, and gesture imitations（小児自閉症の認知障害 -
WISC と空間の関係概念、動作模倣課題を使って-）" という論文を発表し、現在は「太田
ステージ評価」の下位検査となっている、「3 つの丸の比較（LDT-R3）」と「空間関係
（LDT-R4）」を使い、WISC 知能検査や部分模倣（たとえば「逆バイバイ」として知られる
独特の模倣スタイル）との関係について、IQ では境界線レベルの自閉症群と知的障害群
を比較検討しました。そして、「自閉症を伴う子どもの多くは、単なる言語の遅れだけ
でなく、比較や空間の概念で困難がある」と結論しています。

　「概念（操作）」とは、日常的な言葉で言い換えるなら、「頭の中で言葉とイメージを
操作して考える」ということです。つまり、「自閉症は（言葉やイメージなど）」目に見
えないものを使って考えることが苦手」ということを示唆しており、このことは、自閉
スペクトラム症への専門的アプローチとして知られる TEACCH プログラムの、「視覚
支援」の理論的背景とも一致しています。

　このような背景を経て、この表象機能による発達段階分けは、「太田ステージ評価」
と名付けられ、世に送り出されました（太田・永井，1992）。そして、この評価法に基づ
いて行なわれる治療的働きかけを「認知発達治療：Cognitive Developmental Therapy
(CDT)」と呼ぶようになりました。

---

2) 次章、表 3 をご覧ください。

　しかし、その後、教育や福祉の現場に普及し始めると、「太田ステージ評価」は操作が簡便であるだけに、「評価はしたけれど、どのようにアプローチしたらよいかがわからない」という疑問が聞かれるようになりました。約 30 年が経過し、この名前がよく知られるようになった現在も、このような疑問をもつ方は少なくないと思われます。机上の検査と全人的な発達支援がどうつながるのか。それは一言では言い表せない命題です。本書では、そのような疑問やよくある誤解に対して、日々の直接支援に直結するような、できるだけ具体的に解説していきたいと考えています。

第 2 章
太田ステージで使う用語と
定義・実施手順

第1節　用語の表記

　本書では、「太田ステージ」は、シンボル表象機能の発達段階分け（太田ステージ評価）による子ども理解と治療教育であって「認知発達治療」と同義、「太田ステージ評価」は、その評価ツールである言語解読検査改訂版（Language Decoding Test-Revised: LDT-R）を使った認知発達評価、「太田 Stage」もしくは「Stage」は、LDT-R により分けた各段階を表すときに使用します。

　「認知発達治療」について、武藤・永井は、「治療教育の一種であり、ASD における認知領域の障害を踏まえた上で、認知構造の特徴に焦点を合わせて働きかけ、認知・情緒の発達を促し、表象機能を豊かにすることをねらいとしている」と定義しています（太田ら，2015, p104）。しかし、教育・福祉での応用が広まっている現在は、必ずしも「治療」という医療用語が適切とは限りません。武藤らは「認知発達治療」という言葉を大切にしながらも、療育や教育の現場では、「認知発達療育」「認知発達支援」などに置き換えることもあるという考えを示しています（太田ら，2015, piii）。

　太田ステージの発祥である東京大学医学部附属病院精神神経科小児部デイケアについては「デイケア」と略称し、1992 年に出版された、『自閉症治療の到達点』『認知発達治療の実践マニュアル』、そして、2015 年に出版された『自閉症治療の到達点　第 2 版』を「原著」と表記します。

　自閉スペクトラム症（Autism Spectrum Disorder: ASD）に関しては、アメリカ精神医学会による『精神疾患の診断と統計マニュアル改訂第 5 版（DSM-5）』（APA, 2013）以降、「自閉スペクトラム症」もしくは「自閉症スペクトラム障害」が定訳となっている（日本精神神経学会，2014）ことを踏まえ、2013 年以降の話題では「ASD」、それより前の

話題では「自閉症」、もしくは「自閉症圏障害」と表します。「自閉症圏障害」は、DSM-5 より前の、自閉症及びその周辺の障害を表す用語である「広汎性発達障害」と同義であり、「広汎性発達障害」を伝えやすくする意図で太田昌孝が好んで使った表現です。本書の対象は ASD のみではありませんが、認知発達治療の対象となる人に ASD が併存する割合は高いと考えられます。

　その他、「太田ステージ」の核となる重要用語「シンボル表象機能」については、第 3 章第 3 節で解説し、巻末の「本書のキーワードとその解説」においてもまとめます。

第 2 節　定義と実施手順

1　「太田ステージ評価」とシンボル表象機能

　「太田ステージ評価」の評価ツールは「LDT-R」といいます。シートへの指さしなど簡便な操作でシンボル表象機能の発達段階を測るもので、必要な用具が少なく、忙しい現場でも手軽にできることが利点です。定型発達を踏まえた評価法のため、ASD のみならず他の障害でも応用が可能です。視覚の機能に弱さがある場合（視覚障害や読字障害など）や、意思を表出する運動機能に弱さがある場合（重症心身障害など）では評価や判定に工夫が必要ですが、何を測っているのかという本質を評価者自身が理解していれば、妥当な評価が可能です。ただし、言語で教示し、シートを指さす検査のため、そして、身振りを排除して視覚的理解力と言語理解力とを区別しようとするため、視覚障害や聴覚障害が顕著な場合は、実施が難しいといえます。

　太田ら（1992）は、段階的に変化する子どもの「心の世界」を知るために、ピアジェの理論に沿って課題への反応を操作的に分け、その結果である各 Stage を、**表 1** のように定義しました。

　Stage の意味を理解するためには、「シンボル機能（symbolic functioning）」の理解が必要です。シンボル機能は「記号操作」「象徴機能」とも訳され、言葉の機能と深い関係があります。簡単にいえば、頭の中にあるイメージを別のもので表し、操作する機能です。「くるま」という文字で車のイメージが浮かぶとき、文字の「くるま」がシンボル（象徴）で、車のイメージは表象、実際の車はシンボルが表す対象です。太田はこの

表 1　「太田ステージ評価」の定義と定型発達の該当年齢・下位分類

Stage	Piaget の発達段階	定義	定型発達児の該当年齢	下位分類
Ⅰ	感覚運動期	シンボル機能が認められない段階	Stage Ⅰ-1 0〜8ヵ月くらい	感覚運動期の3期以前に相当する。人に向けての要求手段がほとんどない。
			Stage Ⅰ-2 9〜12ヵ月くらい	感覚運動期の4期に相当する。基本的には単一の要求手段しかもたない。ほとんどの場合はクレーン現象で要求を示す。
			Stage Ⅰ-3 13〜18ヵ月くらい	感覚運動期の5期に相当する。言葉、指さし、身振り、発声など複数の要求手段が使用できる。
Ⅱ	感覚運動期から表象的思考期への移行期	シンボル機能の芽生えの段階	1歳半〜2歳くらい	
Ⅲ-1	前概念的思考期	シンボル機能がはっきりと認められる段階	2歳半前後	Ⅲ-1（－）非関係づけ群 Ⅲ-1（＋）関係づけ群
Ⅲ-2		概念形成の芽生えの段階	3歳〜4歳くらい	Ⅲ-2 前期　目の前にない物の大小比較不可 Ⅲ-2 後期　目の前にない物の大小比較可
Ⅳ	直観的思考期	基本的な関係の概念が形成された段階	4歳〜7、8歳	Ⅳ　前期　数の保存不可 Ⅳ　後期　数の保存可
Ⅴ以上	具体的操作期	Piaget による具体的操作期以降の段階	7、8歳〜11、12歳	
	形式的操作期		11、12歳以降	

表 2　各 Stage の説明

Stage	説明
Ⅰ	物に名前のあることがわかっていない段階。感覚器官を通して外界を認知する。手段と目的の分化により、Stage Ⅰ-1、Ⅰ-2、1-3 に分けられる（表1参照）。
Ⅱ	感覚運動期からシンボル表象段階への移行期。物の名前がわかりかけているが、物の理解は一義的。
Ⅲ-1	物の名前を理解できるようになり、本来の言語（単語レベル）の機能を獲得する。基本的な比較の概念はまだ成立していない。
Ⅲ-2	ごく基本的な比較の概念が出来始めた段階。物と物との関係づけは経験に左右され、大人の概念とは異なる。個々のイメージを中心とした表象であり、現実の生活と密着している。
Ⅳ	基本的な関係の概念が形成された段階。思考が直観（見た目）によって左右され、背後にある考え方や普遍性に裏打ちされていない（擬概念の時期）。他者の視点で考えることは難しい（自己中心的思考）。
Ⅴ以上	上限を決めていないので、この段階の特徴は1つに集約できない。少なくとも包含の概念が成立し、見た目に左右されていた直観的思考から抜け出し、具体的な状況なら一貫性のある論理的思考ができる。
（形式的操作期）	現実世界の時間や空間の制約を超えて、抽象的な状況においても論理的な命題操作ができるようになる。

出典：太田昌孝・永井洋子・武藤直子編（2015）　自閉症治療の到達点　第2版．日本文化科学社，p91 より立松が作表
※日本文化科学社より許可を得て転載

うちの表象を特に重視し、「太田ステージ評価」で測ろうとしている機能を「シンボル表象機能」と呼びました。

　シンボル機能は、言葉のみならず描画や遅延模倣、見立て遊び、イメージなどで表出されます（Piaget & Inhelder, 1966）。たとえば、頭をポンポンと掌で叩く身振りは、玄関で幼児を対象に使われれば「帽子」を意味し、大人の対話の場で行なわれれば「頭に入った」「失敗しちゃった！」などを意味します。このように、シンボルは、イメージを媒介としてその場にないものを人に伝える役割をすると同時に、見た目は同じでも、社会的文脈によっては全く異なる意味をもつこともあるものです。人間はシンボルの代表である言葉を使って、膨大な量の表象を自在に操作することができます。しかし、発達途中の子どもは、この機能が十分ではありません。たとえば、無シンボル期であるStage Iでは、各感覚から入力された刺激がバラバラで記憶に残りにくく、言葉としてまとめる（記号化する）ことに難しさがあります。体験したことをイメージとして保持し、伝達行為として表出すること自体を学んでいる段階といえます。

2 「太田ステージ評価」の定義とピアジェの分類

　太田 Stage は、前述のようにピアジェによる認知発達段階との整合性が高く、人間の発達が段階的に進むことを表しています。Stage が変わるときは子どもの認知の力が飛躍的に変化し、たとえば、山道を歩いているときと頂上に上ったときの景色が全く異なるように、子どもの心の世界が大きく変わります。実際、無シンボル期（Stage I）と移行期（Stage II）、すなわち、ピアジェの分類では「感覚運動期」に相当する段階の学びは、体を動かして環境と相互交渉することであり、五感を通して受け止めたものがすぐには言葉になりにくい段階です。しかし、移行期に入ると、積み木を車に見立てるなどの表象を伴う「見立て遊び」が出現し、シンボル機能が確立される Stage III-1 では、急速に言葉が増えるとともに、視覚からも多くの情報を集めて言葉と結びつけるようになります。一方、Stage III-1 までの言葉の機能は実物や事象に命名することに留まっており、過去や未来など目の前にないものを扱う、あるいは表象を駆使して「考える」ためにはさらに質の異なる思考段階（Stage III-2）に入る必要があります（**表2、表3**）。

　立松（2011a, 2015）は、太田 Stage で表される発達段階の質的変化を実践家にわかりやすく説明するため、子ども側から見た世界という意味で、Stage I を「触ってわかる

表3　ピアジェの認知発達段階と太田ステージ、立松の分類

ピアジェの認知発達段階	0〜2歳						2〜4歳		4〜7歳	7〜11歳	11〜15歳
	非論理的思考段階									論理的思考段階	
	感覚運動期（無シンボル期）						表象的思考期				
	0〜1ヵ月	1〜4ヵ月	4〜8ヵ月	8〜12ヵ月	12〜18ヵ月	18〜24ヵ月	前操作期			具体的操作期	形式的操作期
	第1段階	第2段階	第3段階	第4段階	第5段階	第6段階	前概念的思考段階	直感的思考段階			

ピアジェによる知能の発達段階（野呂. 1983）

太田 Stage	Stage I-1		I-2	I-3	II	III-1	III-2	IV前期	IV後期	V以上
立松の分類	触ってわかる世界				見てわかる世界		言葉とイメージの世界			

太田ステージ評価

- （手段と目的の分化）クレーン現象
- 三項関係の成立　指さし発現　名前の発見
- LDT-R1　名称の理解
- LDT-R2　用途の理解
- LDT-R3　（3つの丸の比較）
- LDT-R4　空間関係
- LDT-R5　数の保存
- LDT-R6　包含関係

出典：立松英子（2011a）発達支援と教材教具Ⅱ－子どもに学ぶ行動の理由－．ジアース教育新社．より一部改変

世界」、Stage Ⅱ〜Ⅲ-1 を「見てわかる世界」、Stage Ⅲ-2 〜Ⅳを「言葉とイメージの世界」と表現しました（**表3**）。これらは、それぞれの段階で優先的に使われる感覚、子どもにとっては情報を受け止めやすい感覚に着目して名づけたものです。

　ピアジェの分類である「感覚運動期」が Stage ⅠとⅡを含んだまとまりであるのに対し、Stage Ⅰと切り離して Stage ⅡとⅢ-1 を「見てわかる世界」としてまとめている理由は、感覚操作を基準にして実際の行動を観察したときに、Stage Ⅰでは、主に手で触ったり振ったり舐めたりして操作の対象を確かめ、「じっと見る」ことが少ないことに比べ、Stage Ⅱでは対象を「見てから」手の操作が始まり、2つのものを打ち合わせたりくっつけたりしながら「見て同じ」を確認する行為が頻出することに由来します。このように、「触ってわかる」Stage Ⅰでは、触覚や嗅覚など近位感覚を優先して環境を捉えようとする傾向が強く、コミュニケーションにおいても、絵よりも実物を手渡した方がよく伝わります。たとえ絵が描かれたシートを渡して話しかけても、それには応じずに、噛んだり、振り回したり、丸めたり、払いのけたりするなどが、「触ってわかる世界」を象徴する行動といえます。こだわりも、物にタッチする、物を回すなど具体物（触ることができる物）を対象としたものが中心ですが、Stage Ⅱになると、物の置き

位置、人の座る位置、物を揃えることや並べることなど、「見てわかる」同一性に興味が向かいます。

3　各 Stage の下位分類

　表1には、各 Stage の下位分類が示されています。Stage Ⅰ の下位分類については、第4章第2節「重症心身障害者への適用」で詳説しますのでご参照ください。

　Stage Ⅲ-1 は、LDT-R4（空間関係）の「ボタンを箱の上に置いてください」など複数の物の扱いを含む指示に対して、両者（上記の指示では、ボタンと箱）に手を出すかどうかで「非関係づけ群」と「関係づけ群」に分けられます。概念操作の基礎には「比較」があり、比較の前提として、2つの物を関係づけるかどうかは重要な視点です。太田ら（1989）の実証研究においても、IQ、有意味語の出現状態、描画、象徴遊び[3]において「非関係づけ群」と「関係づけ群」は明らかに異なる結果が出ています。

　また、概念の芽生え段階である Stage Ⅲ-2 も、前期と後期に分けられます。その基準は、「目の前にない物の大小比較」[4]であり、武藤ら（2002）は、IQ や適応行動において、前期と後期では有意な違いがあるとしています。

　さらに、Stage Ⅳ も前期と後期に分けられます。LDT-R4 を通過後、LDT-R5（碁石による数の保存の課題）を行い、課題1を通過し、課題2で黒の碁石と白の碁石の数が同じであることがわかっていることを確認したうえで、課題3で黒のみを広げて、「どちらが多い？」と尋ねます（**図1**）。これらの問いを通過しなければ、Stage Ⅳ の前期、通過すれば Stage Ⅳ の後期です。

　Stage Ⅳ の発達年齢は4歳から7歳と幅広いため、この下位分類は特に重要です。LDT-R5 は「数の保存」といわれ、見た目の変化にとらわれずに、数という頭の中のイメージ（概念）を扱えるかどうかを問うものです。課題3（黒のみを広げて）「どっちが多い？」は、定型発達の4歳では越えがたく、しばしば「白が多い」という答えが返ってきます（☞ p117）。密集した状態を「多い」と考えているようで、比較を表す言葉の意味がまだ個々の経験に依存したものであり、普遍的な概念には至っていないことを

---

3) 「見立て遊び」ともいわれ、「積み木を車に見立てて遊ぶ」など目の前にない物のイメージを物を介して表現するもので、定型発達では2歳頃に出現するといわれます。

4) 「椅子と鉛筆とどっちが大きい？」など、目の前にない物2つを言葉で提示した時に、頭の中で大小比較ができるかどうかという課題です。

示しています。

4 「太田ステージ評価」の実施手順

　「太田ステージ評価」は、田中ビネー知能検査で特に自閉症の子どもが越えがたかった課題をヒントに作成され、後に「実施手順」として一覧表にまとめられました（太田ら、1992，2015，図1は2015年版）。

　なお、これらは、2017年には、以下のような改定がなされています。

---

　①LDT-R1【名称による物の指示】「自動車はどれですか？」でわからない場合は、「くるま」で聞いてもよい。

　②LDT-R4【空間関係】「ハサミを積み木のそばにおいてください」「積み木をハサミのそばにおいてください」で伝わらない場合は、「ハサミを積み木の『となり』においてください」「積み木をハサミの『となり』においてください」で尋ねてもよい。

　③LDT-6【包含の概念】
　　「黒の碁石の数と碁石全部とではどちらが多い？」は「数」を入れないで尋ねる。
　　⇒「黒の碁石と碁石全部とではどちらが多い？」

〈太田ステージ評価は何を見ようとしているのか〉

　LDT-R は、全て身振りを入れないで行ないます。視覚的理解と切り離して、目に見えない言語の理解力を評価したいからです。たとえば、LDT-R2で、「飲むもの」といいつつ飲む真似をしたり、LDT-6で、「全部」に「ぜーーんぶ」と手で碁石の周囲を丸く描く身振りを入れたりすると、真の言語理解力を評価することにはなりません。

　しかし、実際に評価を行なうと、細かいことで判断に迷うことはよくあることです。
【例1】LDT-R3 を通過しないのに、LDT-R4 は通過した。

　この場合、太田ステージ評価では、より高い水準の結果を生かし、「LDT-R4を通過」、すなわち Stage Ⅳ-1 とします。筆者の経験の中でも、視知覚の弱さを背景に、3つの丸の見比べができず（実物のボールであれば大きさの比較ができ）、LDT-R4は通過したお子さんがいました。過去や未来の話を含んだ日常会話が可能であったことと併せてStage Ⅳと判断しました。このように、迷ったときは、Stage ごとの行動特徴とそのお

子さんの日常行動の特徴を照らし併せて判断材料に加えることが重要です。

【例 2】LDT-R4 の「積み木をハサミのそばに」の課題で、積み木を 1 個だけ動かして
ハサミのそばに置いたが、通過と考えてよいかどうか。

　この場合も、本人が「○○を△△のそばに」の言葉の意味を理解して行動したかどう
か、そして、日常行動が Stage Ⅳ の特徴を持ち合わせているかどうかで判断します。

　第 2 部第 7 章第 1 節の事例（pp92 〜 104）では、ハサミに過剰な反応をしたためスプ
ーンに替えて実施し、積み木やスプーンを「置く」のではなく各々「投げて」応じてい
ました。しかし、「積み木をスプーンのそばに」では、積み木を 1 個だけつかんでスプ
ーンに向かって投げ、「スプーンを積み木のそばに」では、即座にスプーンを積み木に
向かって投げていましたので、「逆操作」の意味を理解していると考え、日常行動の特
徴も加味して「Stage Ⅳ」と判断しています。

　本来、心理検査は実施手順を厳密に守る必要があり、むやみにアレンジすることは許
されません。しかし、どうしても迷う場合には、「太田ステージ評価が何を見ようとし
ているか」の本質を踏まえて、「子どもの心の世界を理解するために」という目的に沿
って、判断していただければと考えます。

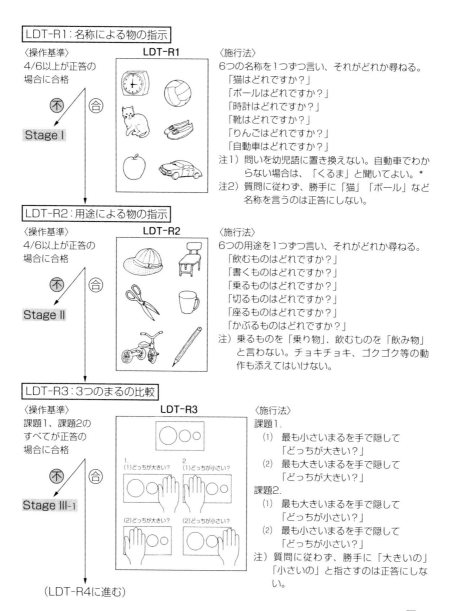

LDT-R1：名称による物の指示

〈操作基準〉
4/6以上が正答の
場合に合格

㊐不　　㊒合

Stage I

〈施行法〉
6つの名称を1つずつ言い、それがどれか尋ねる。
　「猫はどれですか？」
　「ボールはどれですか？」
　「時計はどれですか？」
　「靴はどれですか？」
　「りんごはどれですか？」
　「自動車はどれですか？」
注1）問いを幼児語に置き換えない。自動車でわか
　　　らない場合は、「くるま」と聞いてよい。＊
注2）質問に従わず、勝手に「猫」「ボール」など
　　　名称を言うのは正答にしない。

LDT-R2：用途による物の指示

〈操作基準〉
4/6以上が正答の
場合に合格

㊐不　　㊒合

Stage II

〈施行法〉
6つの用途を1つずつ言い、それがどれか尋ねる。
　「飲むものはどれですか？」
　「書くものはどれですか？」
　「乗るものはどれですか？」
　「切るものはどれですか？」
　「座るものはどれですか？」
　「かぶるものはどれですか？」
注）乗るものを「乗り物」、飲むものを「飲み物」
　　と言わない。チョキチョキ、ゴクゴク等の動
　　作も添えてはいけない。

LDT-R3：3つのまるの比較

〈操作基準〉
課題1、課題2の
すべてが正答の
場合に合格

㊐不　　㊒合

Stage III-1

（LDT-R4に進む）

〈施行法〉
課題1.
　（1）最も小さいまるを手で隠して
　　　「どっちが大きい？」
　（2）最も大きいまるを手で隠して
　　　「どっちが大きい？」
課題2.
　（1）最も大きいまるを手で隠して
　　　「どっちが小さい？」
　（2）最も小さいまるを手で隠して
　　　「どっちが小さい？」
注）質問に従わず、勝手に「大きいの」
　　「小さいの」と指さすのは正答にしな
　　い。

図1　LDT-R

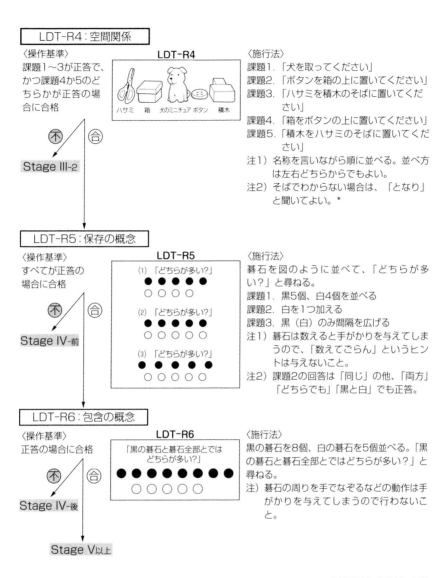

*の箇所は第2刷より変更

の実施手順

　出典：太田昌孝・永井洋子・武藤直子編（2015）自閉症治療の到達点　第 2 版．日本文化科学社，pp96-97.
　　　　　　　　　　　　　　　　　　　　※日本文化科学社より許可を得て転載

第 3 章 ‖‖
「かかわりの科学」としての太田ステージ

第 1 節　太田ステージと心の世界

　本章では、太田ステージを実践に生かすために必要な発達の見方について述べ、言葉の獲得以前から概念の獲得・形成に向かう過程の子どもの心の世界に迫ります。ここで述べていることが実際の場面ではどのようなことなのかについては、**太字の部分**を第 2 部「実践編」の中で引用し、具体的に解説しています。

　太田ステージは、ピアジェやヴィゴツキーに代表される一般的な発達理論を踏まえ、自閉症の治療教育の実践を通して開発されました。筆者ら実践家にとっては、「太田ステージを学ぶ」ことは、「子どもの視点からみる」「子どもの心を知る」ということと同じです。各 Stage で異なる興味関心や行動特徴を捉え、発達の過程で子どもの心の世界がどう変化していくのかを知るためにはなくてはならない道具です。

　太田 Stage の視点を通して子どもの行動を観察すると、たとえ言語交流が困難な子どもであっても、その視線や動き、指さしを手がかりに認知の発達水準を短時間で把握することができ、療育の方針が立てやすくなります（☞ p50）。

　各 Stage の特徴を現実の行動と照らし合わせることにより、その子どもの理解力に合った、あるいは発達欲求を刺激する働きかけが可能です。結果として子どもとの情緒的な交流が生まれ、トータルな人間的成長を支えることができます（☞ p114）。

　太田ステージは単に能力を測る道具ではなく、人と人とを結ぶ「かかわりの科学」として発展してきました。武藤・永井は、『自閉症治療の到達点　第 2 版』において、「発達の最近接領域[5)] の課題は、その人の発達の少し先の課題を取り上げるので、達成しや

---

5)　本章第 3 節「2　発達の最近接領域」をご参照ください。

すい。できたらほめ、喜びを共有する。または、難しいことは避けたいという気持ちをくんだ小さいステップでの対応で、相手は『この人はわかってくれる人だ』との信頼や安心感をもつようになる」と述べています（太田ら，2015，p112）。医療に限らず、教育・福祉の現場や乳幼児健診など、発達支援に関するさまざまな場に広がっていったのは、実際に使ってみることにより、子どもと心を通わせるために必要な道具であることが実感されてきたからなのかもしれません。

　一方で、前述のように、「評価はしたけれどそれを実践に生かすことが難しい」という声もしばしば聞かれます。太田ステージは、確かに検査法を知るだけではその後に生かすことは難しいといえます。以下、発達心理学で共有されている子どもの発達の諸原則に沿って、その背景を説明していきたいと思います。

第2節　発達の諸原則

　太田ステージの根底には、発達について普遍化され共有化されている2つの原則があります。それは、障害の有無を問わず、人間の成長過程には一定の方向性（発達の方向性）があるということ、そして、子どもは大人とは異なる外界の受け止め方をしており、その発達的変化は言語発達と密接に関係しつつ、一定の順序で質的に変化していく（発達の順序性）という原則です。

1　発達の方向性

　人間には、社会における人との相互作用の中で言葉を使うことにより、目に見えるものに左右されないで、頭の中の自由な空間でイメージを思い描き、言葉を駆使してそれらを操作するという、独自で高度な心理機能があります。その発達過程には、感覚入力から知覚、認知・言語へと向かう、共通の方向性があります。感覚で刺激を受容し、感覚を通じて環境を知る知覚の段階から、区別し、判断する認知の段階、そして、見た目の違う物をまとめたり、目の前にないものや形のないものを人に伝えたりすることができる言葉（概念）の世界へと向かう方向性が、障害の有無を問わず共通しているということです。

　しかし、それは決してなだらかな道ではありません。大きな段差のある階段のように、

質的に異なる世界に至る過程の「節目」があり、特に障害のある子どもにとっては、その節目が超え難い壁となることがあります。

太田ステージは、ASD の臨床の中で出会ったその「越えがたい壁」に着目して開発されました。太田ステージにおける発達観とは、単に「できる行動が増える」ことではなく、子どもがこの発達の節目を乗り越え、質的に異なる世界を獲得していく過程を意味しています。

2 発達の順序性

運動発達でいえば、お座り→這い這い→立つ→歩くという順序性であり、言語発達であれば、喃語→指さし→命名→単語から文章へという順序性です。遊びであれば、感覚遊び→オモチャ遊び→見立て遊び→ごっこ遊び、描画であれば、なぐり描き→ぐるぐる描き→それらしい形の絵→経験したことを描く、など、それぞれの領域で一定の順序性があるということです。領域内では若干の飛び越しがあったり、領域間のアンバランスが生じたりすることもありますが、全般的な順序性は保たれるという原則です。

ただし、筆者らは障害のある幼児を対象とした臨床の中で、「**外見的には同じように見える行動でも、障害がある子どもの場合は、その背景にある発達段階による質的な相違に留意しなければならない**（☞ p114）」ということを学んでいます。たとえば、デイケアの療育活動ではこんなことがありました。

動物の真似をして歩くリトミックの場面で、ダウン症の幼児も ASD の幼児も、一様に手を長く前に伸ばし、「ぞうさん」の曲に合わせて歩いていました。活動後に複数の動物の絵を見せて、「今何さんになったの？」と尋ねると、ダウン症の幼児は元気よく象の絵を指さし、本当に象さんになったつもりであったことが理解できました。しかし、ASD の幼児は聞かれていることの意味がわかりませんでした。ASD の幼児は、決まった曲、決まった場面で大人の見本動作をそのままを真似していただけだったのです。ダウン症の幼児の Stage はⅢ-2 で ASD の幼児の Stage はⅢ-1 でした。セラピストたちは、子どもたちが示した動作は同じでも、個々の子どもにとっての意味には、認知発達による違いがあることに気づきました。

ASD は一般に、視覚に強いという特性で知られていますが、定型発達の Stage Ⅲ-1（シンボル機能が確実になった段階）でも目に見えないものを脳裏に浮かべることは難しく、表面に現れた事象から外界を理解する視覚優先の特性を示します。ここでは、目の前にない物やできごとを想像することの弱さについて、Stage Ⅲ-1 の特性として捉えています。

自身の内面を表現することが難しい子どもの発達は行動で判断することになりますが、同じ行動でも、その背景にある発達段階は必ずしも同じとは限りません（☞ p115）。Stage を評価することによって、行為の背景にある認知（わかり方）の違いに気づくことができたといえます。

3 子どもの能動性と環境との相互作用

「太田ステージ評価」に基づく認知発達治療は、子どもが自ら学んでいく力を信じ、生き生きと学ぶその姿を大切にする実践から生まれました。自ら能動的に外界に働きかけて環境に影響を及ぼし、また逆に、環境の刺激から影響を受けながら子どもは成長します。その能動性を引き出し、「心のエネルギー」を適切な方向に導き、よりよい社会参加に向けていくための手だての1つとして考える、こうした子ども観、教育観が太田ステージの根底にあります。

そのため、太田ステージは、子どもと環境の相互作用を大切にしています。人間行動の発達の背景には、脳機能の発達という側面がありますが、それに加えて、外界に対して能動的、調和的にかかわろうとする、「心のエネルギー（発達を希求する勢い）」という側面があり、この側面を後押しすることを大切に考えています。

具体的には、教えようとしているスキルが子どもにとって適切なのかどうかだけでなく、どのように提示すれば子どもの内発的動機づけを促すことができるのかということを個々の認知発達（Stage）に基づいて考えます。また、望ましくない行動の減弱をねらいとする場合にも、子どもが何を欲してそうしたのか、どのような状況で何をしようとしていたのか、Stage によって異なる心の世界から推察します。人や環境との相互作用において、スキルを教えるだけでなく、子どもからも発信がしやすいように環境を整えるなど、常に双方向を考慮して働きかけを考えるのです。

第3節　太田ステージの核となる概念

　太田ステージでは、人間行動の背景にあるシンボル表象機能の獲得の過程を、その理論の核として位置づけています。本節では、太田ステージを理解する上でのキーワードとなる「シンボル表象機能」について述べていきます。

1　シンボル表象機能

　私たちが人と会話を交わす中で「あれ」「これ」というとき、自分の頭の中に、ある特定のイメージをもっています。そのイメージが社会的文脈の中で相手のイメージと一致したとき、相手は、「ああ、あれね」と同意の反応を返してくれます。この、「あれ」に付随して頭の中で働く機能が「シンボル表象機能」です。人間は、音声言語や文字（シンボル）を媒介に何らかのイメージ（表象）を思い描き、目に見えないそれらを通じて相手と心を通わせることができます。目の前にないものを相手の心の空間に呼びだすことができるのは、シンボル表象機能があるからこそといえます。

　シンボル表象機能を獲得するということは、人の精神活動において、それ以前との「質的断絶点」といわれるくらい、大きな出来事といえます。

　シンボル表象機能の出現は、子どもの心に劇的なインパクトを与えます。無シンボル期にいる子どもは例外なく、盛んに手を使って（触覚や運動を通して）自分を取り巻く環境とかかわろうとし、その刺激や体験は何らかのイメージ（表象）として頭の中に蓄えられていきます。やがて、指さしや身振りが「何か」を代替し、他者への伝達機能をもつことに気づいた子どもは、それ以降夢中になって指さしや身ぶりを使い、大人の反応を求め、自らの発見や気づきを共有しようとします。それは大人の共感のまなざしとともに社会的な意味づけがなされ、さらに別の体験を取り込んで言葉と結びつき、子どもをより広い世界へといざないます。つまり、シンボルを獲得するということは、目の前の、触ってその存在を感じられる小さな世界から離れて、手の届かない世界や目に見えない世界、他者の心の世界にも、子どもの心がつながっていくということです。

　こうして人は自由にイメージを使って考え、やがて、時空に束縛されない世界に思いを巡らせ、その壮大な世界を他者と共有することができるようになっていきます。

2 発達の最近接領域

　太田らは、『自閉症治療の到達点』の姉妹編として『認知発達治療の実践マニュアル』を出版していますが、そこで紹介されている認知発達治療のプログラムは、ヴィゴツキーの提起する「発達の最近接領域」への働きかけを具現化したものです。

　ヴィゴツキーは著書『思考と言語』の中で、「子どもが自主的に解答する問題によって決定される現下の発達水準と、子どもが非自主的に共同のなかで問題を解く場合に到達する水準とのあいだの相違が、子どもの発達の最近接領域を決定する」（柴田訳, 2010, p298）と述べています。「発達の最近接領域」とは、子どもが今できることに加え、まだ形としては現れていないが何らかの変化の可能性を予測させる状態や、何らかの支えがあれば活動への向かい方が変わる状態も含めて、発達を捉えようとした概念といえます。

　ヴィゴツキーはまた、「言葉が最初にあるのではない。最初にあるものは行為である」とも述べています（同, p432）。今日、「主体的・対話的で深い学び」が学校教育のキーワードとなっていますが（文部科学省, 2017b）、こうした、行為を通じた子どもの能動性（主体性）に関しては、ヴィゴツキーのみならず、発達心理学の分野では古くから研究者たちが言及してきました。ブルーナーはその著書「教育の過程」の中で、ピアジェの「具体的操作期」（7-11 歳）における「操作」に触れ、「操作は実世界に関するデータを心のなかに取り入れ、それを、問題解決の際に選択的に組織し、使用できるように変形する手段なのである」と述べています（鈴木・佐藤訳, 1966）。ここでの「操作」には、物体を操作することと、心の中で「記号（シンボル）」を操作することの両方が含まれますが、具体的操作期に相当する Stage V よりも前の段階[6]の子どもにとっては、前者の「物体を操作する」ことの方がより主体性を象徴すると考えられます。

　デイケアがまだオペラント型の行動療法を取り入れていた 1970 年代前期でさえ、errorless learning（失敗の経験による抑制を最小限にするために、子どものできることから始める）（永井ら, 1991）を心がけていたことは、特筆すべきことに思われます。太田（2003）は、「認知発達治療の開発の視点」として、「ASD 児が課題を拒否するのは自閉

---

6) 第 2 章表 3 をご参照ください。

のためでなく課題ができないためであり、……適切な課題を選択すると非常によく課題に取り組む」と述べています。このように、発達の最近接領域に当たる課題を選び、また、失敗させないようにする理由は、本人の動機づけを高め、主体的に考え、学ぼうとする力を育てることにあります。教材を用いた課題学習が重視されるのも、そのためといえます。

　『認知発達治療の実践マニュアル』に掲載された課題は実際にデイケアで行なわれていたものであり、主として ASD を対象とした「かかわりの科学」としての実践をまとめたものになります。現場でヒントにしていただくことを想定して Stage 別に整理され、個々の子どもの発達の最近接領域を捉えるように配慮されています。しかし、定型発達児や ASD を伴わない知的障害児においては、**同じ Stage でも、ASD の子どもが得意とする視覚 - 運動的な課題には対応できない場合もあります**（☞ pp42 〜 43）。そのため、該当 Stage の課題が難しければ、即座により初期段階の Stage で課題を探したり、課題をアレンジしていただきたいと思います。「Stage がこの段階だからこの課題をしなければならない」ということではなく、あくまで子どもが興味をもち、喜んで手を出す課題を選択・創造することが重要です。

第4節　各段階で異なる心の世界

　各 Stage の状態像とその発達的意味を知っておくことは、人としての育ちの過程で、今はどこにいて次にどこに向かっていくのか、どんな課題なら興味をもって取り組むのか、また、望ましくない行動があるとしても子どもの視点から見れば何か理由があると考え、どうすれば望ましい行動に導けるのかを検討するにおいて、重要な手がかりとなります。

　各段階の状態像はすでに原著で詳しく解説されていますので、ここでは定型発達児の状態像を中心に、端的にまとめました（**表4**）。ただし、「成人期では」「年長の場合は」と表現しているところは、知的障害を伴う場合の状態像であり、年齢に伴い経験値が積み重なった状態の特徴を取り上げています。また、第 2 部第 5 章では、実践的な観点から各 Stage の状態像をより詳しく示していますのでそちらも併せてご参照ください。

表 4 太田 Stage と状態像

Stage	状態像
Ⅰ	基本的には言葉がわからない段階。感覚と運動を通して環境に働きかけ、具体的な事象を通じて外界を理解していく。Stage Ⅰ-2 で自他が分離して発信行動（クレーン現象）が出現し、Ⅰ-3 で指さしや身振りが表出し、言葉につながっていく。一方、成人期の Stage Ⅰ-3 では、日常の状況とセットで言葉を合図のように受けて行動し、あたかも言葉を理解しているように見えることがしばしばある。
Ⅱ	物や事象には名前があることを理解し、表出も増えていくが、オウム返しが多く理解は一義的である。たとえば、「くつ」といえば、自分が履いている靴のことであって、LDT-R1 の靴の絵は「くつ」ではなかったりする。気に入った物は素早く見つけ絵でもわかるが、形や方向の正確な認知には、型はめなどの触覚的フィードバックを必要とする。触覚から視覚に関心が移り、揃える、並べる活動を盛んに行なう。キーパーソンに依存するとともに他者への攻撃行動が出やすくなる。物や人が一定の位置にないと不安になるなどの視覚的こだわりも出てくる。
Ⅲ-1	状況に応じたパターン言語を使うようになる。物や動作と言葉が結びついていくが、過去や未来、人の気持ち、暗黙の了解など、目に見えないものの理解は難しい。環境の変化に弱く、予定が急に変更されると不安定になる一方、視覚的手がかりがあれば行動の予測が立てられる。見本が成立し、模倣しながら学習する。前期では見た目の全く同じものを集めようとするが、後期では、見た目の違う「同じ」も経験的に理解するようになる。「じゃんけん」では常に相手と同じ手を出そうとする。対人的関心は同年齢の子どもへと広がり、相手と同じことをしようとするが、折り合いをつける力は弱く、かかわり方は一方的である。
Ⅲ-2	概念が芽生えるにつれて、見た目の違う物を言葉でまとめることができるようになる。「雨だからできません」などの説明で気持ちを切り替え、環境の変化に応じようとする。「時間」の概念も育ち、未来や過去が話題に上るが、「キノウ」といえば過去のどこかの話であったりする。「勝ち負け」や「競争」の概念が芽生え、「じゃんけん」の意味も理解するようになってくる。
Ⅳ	過去や未来の存在を理解し、順序だてることができる。また、物事の理由なども説明できるようになる。絵を描いたりブロックを組み立てたりしながら内面の表象を言葉で表現する。文字や数に関心をもつ。自分なりの目標を描いて活動するようになり、あこがれのキャラクターになりきる遊びが出現する一方、理想のイメージと現実の食い違いで自尊心が傷つくと、立ち直りにくい。年長の場合は、作業学習や職場での「臨機応変」な行動も丁寧な指導により可能になる。

　以上は、各 Stage の一般的行動特徴です。一方、「太田ステージ評価」は言語教示を通じてシンボル表象機能を測る検査のため、たとえば、日常生活動作や書字のような視覚 - 運動系（いわゆる器用さ）、あるいは単純な記憶力・計算力などは、基本的には測っていません。そのため、同じ Stage でも、年齢や障害種が異なると視覚 - 運動系の発達水準が異なることがあります。たとえば、学齢期の ASD では、Stage Ⅲ-1 でも文字を読んだり書いたりすることが多い一方、定型発達児の Stage Ⅲ-1（生活年齢は2歳前半に相当）で文字を書く事例に出会うことはまれであるなどです。

　こうしたことから、「太田ステージ評価」は、もともと他の検査とバッテリーを組んで使用することになっています。また、他の療法と対立するものでもなく、むしろ、ある療法を多様な実態の人々に適用しようとするときに、働きかけを調節・整理するための指標として使うことにより、その療法を効果的に使うことができるようになります。そして、応用実践を積み重ねた心理、教育、福祉の分野では、それぞれの分野での実証データを踏まえ、Stage を基軸としながらも、異なる障害や年齢に適用する際の工夫点や留意点を明らかにしています。本書では、これらを「太田ステージを礎とする発達支援」と呼び、次章からは、こうした発展分野の取り組みに目を向けていきます。

第 4 章
太田ステージを礎とする発達支援

第1節 認知発達治療から発達支援へ

　デイケアにおける治療教育は、自閉症を伴う幼児を中心に、保育的アプローチから行動療法的かかわりを経て、認知発達に焦点を当てた全人的発達を促す取り組みへと、試行錯誤を繰り返しながら蓄積されていきました。そして、それらは児童精神科医である太田昌孝と心理スーパーバイザーの永井洋子が中心となって、1992 年に『自閉症治療の到達点』と姉妹編『認知発達治療の実践マニュアル』としてまとめられ、世に送り出されました。

　その後、Hashino ら（1997）は、特別支援学校において ASD を伴わない知的障害児においても「太田ステージ評価」を実施し、Stage と IQ など他の発達指標や行動障害との関係を検討しました。そして、ASD の合併の有無を問わず、Stage は模倣、言語表出、象徴遊びなど認知発達の指標と相関が高く、認知発達やシンボル表象機能を測る尺度として妥当であること、また、食事・睡眠・排泄のトラブル、多動、常同行動、自傷、物なめは Stage Ⅰ で多く、Stage Ⅱ 以上では有意に少なく、これらの行動と認知の発達段階（Stage）との関係は密接であることを明らかにしました。

　太田（2003）は、「認知発達治療の意義」として次のようにまとめています（原文ママ）。①シンボル表象能力を高め、思考の柔軟性を養うことができる。②最近接領域を知ることができ、内発的動機づけを高めることができる。③異常行動の減弱や予防に効果的に作用する。④適応行動の獲得に柔軟性を与える。⑤発達の遅滞が重く、異常行動が激しくても適応することができる。⑥自閉症児の人間としての成長過程を作り上げることに役立つ。

　認知発達治療の具体的内容は、毎年「太田ステージ研究会[7]」が、「認知発達治療の

理論と実践」と題したセミナーを通して伝えています。このセミナーには、医師・看護師・リハビリテーションスタッフ（理学療法士・作業療法士・言語聴覚士）・教師・支援員・社会福祉士・介護福祉士・保育士・公認心理師・臨床心理士・精神保健福祉士など多様な職種が参加して熱心に学び、それぞれの職場で Stage を活用した実践を行なっています。

　こうして、現在では、幼児に限らずあらゆる年代へ、また、ASD に限らず他の発達障害、知的障害、重症心身障害へと Stage が応用されるようになっています。これらを踏まえて、太田らは 2015 年の『自閉症治療の到達点　第 2 版』において「治療」という言葉を見直し、「最近ではもっと広い分野で認知発達治療が利用されていますので、この本では『治療』ではなく『療育』や『支援』と表記するようにしました」と述べています（太田ら，2015，piii）。

　これらの発展分野においては各々実践研究が行なわれ、異なる障害に適用する際の工夫点や留意点を明らかにしています。

　その 1 つは、元デイケアで臨床心理士として治療教育を担当し、その後東京都立東大和療育センターで重症心身障害者の支援に当たった亀井真由美による研究・実践です。亀井は、要求手段が観察できない人（Stage I -1）の認知発達を行動によりさらに細分化し、運動障害のために指さしで LDT-R に応答することが難しい人においても Stage を測る工夫をしました。また、特別支援学校に教師として勤務していた立松英子は、在籍する学童を対象に、太田 Stage に視知覚や視覚 – 運動の視点を加味した評価バッテリーを考案しました。

---

7)　現在は、特定非営利法人銀杏の会（https://gin-nan.org/index.html）に事務局が置かれ、認知発達治療は、銀杏の会が運営する「お茶の水発達センター」に受け継がれています。

第 2 節 **重症心身障害者への適用**

　まずは、亀井による、太田ステージを重症心身障害者に適用するための工夫の経緯とそこから得られた実用的な知見について、亀井の了解を得て、『自閉症治療の到達点第 2 版』第Ⅷ章より引用しながら述べていきます。

　亀井（2015）は重症心身障害者に太田ステージを応用するにあたって、「（重症心身障害者における）認知発達治療とは、認知発達レベルを知って対象者の内面世界を理解する手がかりとすること、認知発達レベルに合わせた働きかけにより持っている能力を最大限発揮させること、そのことを通じて情緒の安定を図り、生き生きした反応を引き出し、適応能力を高めていくこと」と定義しています。「認知発達治療」という言葉は、医療研究機関などではエビデンスが明らかにされている治療法であるかどうかなど、効果検証の対象として使われることもありますが、亀井は心理職の立場から、上記のような広義の意味で使っていました。

1　重症心身障害とは

　重症心身障害とは、わが国独自の定義である「大島分類」（**表 5**）で、重度の知的障害（IQ で 35 未満）と重度の肢体不自由（寝たきりから自力で座れるまで）が重複している状態を指しています（大島, 1971）。英語圏では、Severe Motor and Intellectual Disability（SMID）と表現されますが、海外では、日本のように数値的な指標を示しているわけではありません。なお、教育分野においては、「重度・重複障害」という概念がありますが、これは、重症心身障害に加えて、移動は自力でできるが強い行動障害とコミュニケーションの難しさを伴う対象（重い知的障害を伴う ASD が想定される）を含み、一対一の対応が欠かせない状態を指す、より広い概念です（文部省, 1975）。

　しかし、IQ は生活年齢を分母とする相対的な指標[8]であり、IQ が同じでも、生活年齢によって個々の状態像はかなり異なります。特に成人では、重度の知的障害（IQ35 未満）の範疇に、精神年齢では 0 歳から 7 歳を超える人も含まれ、当然ながら言語的コ

---

8)　IQ（知能指数）は、MA（精神年齢）／ CA（生活年齢）× 100 で表されます。

表 5　大島分類

					IQ （知的）
21	22	23	24	25	80
20	13	14	15	16	70
19	12	7	8	9	50
18	11	6	**3**	**4**	35
17	10	5	**2**	**1**	20
身体機能	走れる	歩ける	歩行障害	座れる	寝たきり

＊上記の 1、2、3、4 が重症心身障害に当たる。

出典：大島一良（1971）重症心身障害の基本問題. 公衆衛生 35, 648-655.

ミュニケーションにおいても多様な実態が見られます。亀井は、自身の調査を通して、成人期の重症心身障害者には、「太田ステージ評価」で Stage I から V までの人が含まれるとし、その多様性や、運動障害に応じた対応の工夫が必要なことを示唆しています。

2 無シンボル期の発達段階の細分化

　紙のシートを用いた検査である LDT-R1 や R2 に指さしで応じることが困難な重症心身障害児（者）にシンボル表象があるかどうかの判定において、亀井は、絵を注視するかどうかを基準の1つと考えました。LDT-R1 の図版をつかんで振る、または全く見ないなど、刺激を注視する反応がない場合は Stage I（無シンボル期）と判断し、また、日常行動において対象指示活動[9]がない場合も、Stage I である可能性が高いとしました。さらに、発信行動が認められない Stage I-1 において、「ほとんど反応がない」を Stage I-1 (1)、「見る、身をよじる、など何らかの反応がある」を Stage I-1 (2)、「物にかかわろうとする、物に触れると握ろうとする」を Stage I-1 (3) に分類しました。その結果、Stage I は5段階に細分化されました（**表6**）。

表6　太田 Stage I の下位分類、評価基準、臨床上有効な指標

Stage	下位分類の定義	下位分類の評価基準	臨床上有効な指標
Stage I-1	手段と目的が未分化な段階	要求手段が認められない	
I-1 (1)	自分と外界が未分化である	働きかけに対する明確な反応が認められない	
I-1 (2)	外界刺激に対する反応がある	働きかけに対して、何らかの反応が認められる	
I-1 (3)	外界への関わりが認められる	働きかけに応じて、物を把握しようという動きが認められる	I-1 (3) 以上で見られる行動 ・対象物が指先に触れるとつかもうとする ・拒否の表現がある（身をよじる、手を払う）
Stage I-2	手段と目的の分化の芽生えの段階	クレーンまたは発声による要求手段がある	I-2 以上で見られる行動 ・対象物へ手を伸ばす ・物を目標とする容器に入れる ・「ちょうだい」に応じて物を相手に渡す
Stage I-3	手段と目的が明確に認められる段階	指さし、発語または視線による対象指示がある	I-3 以上で見られる行動 ・指さしの理解 ・身体部位の名称理解 ・状況における言葉と行動の結びつき ・実物の名称理解

出典：太田昌孝・永井洋子・武藤直子編（2015）自閉症治療の到達点　第2版. 日本文化科学社, p282.
※日本文化科学社より許可を得て転載

9）指さしなど人や物を特定するしぐさ。

3 表出の困難への対応

　重症心身障害者においては、重い運動障害を伴う外見や、言語表出がない、または乏しいなどにより、認知発達レベルが高くても、そのことが理解されにくい人がいます。そこで亀井は、LDT-R に指さしで答えられない場合も、日常生活において言葉の理解があると見受けられる人に対しては、実物や色付きの絵、絵をバラバラにして尋ねるなどを試してみました。ただし、これらは LDT-R の評価基準から逸脱しているため、正答できても Stage Ⅱ（シンボル表象あり）にはせず、Stage Ⅰ-3 の範囲内で働きかけの参考資料としました。

　さらに、絵を注視する様子があり、かつ対象指示活動がある場合には、とりあえず通常の方法で LDT-R1 から R3 を実施してみました。すると、実際に指さしや手（もしくは足）さしによって応答が可能だったのは 91 名中 34 名しかいませんでした。そのため、明確な指さしが難しい事例においては、検査者が絵の 1 つ 1 つを指さし、目をつぶる、開口する、筋緊張が高まるなど、応答の仕方で「Yes」を判断するようにしました。LDT-R4（空間関係）については、「○○を○○の上に」など、指示に従って物を動かす実行課題のため、自分で操作ができない場合は、あらかじめ動かす物の一定の手順を決めて検査者が動かし、本人が「正しい」と判断したら「Yes」の表出をするという方法で確認しました。

　これらの結果、東大和療育センターに入所していた重症心身障害を伴う人々の認知発達は 10 段階に分類され、この認知発達段階によってコミュニケーション方法を調節する必要があることが示唆されました（表 7、表 8）。

表 7　太田ステージ評価と DQ・IQ

21-34									1	3	3
20 以下	8	12	22	9	14	2	10	3	2	2	
DQ・IQ＼Stage	Ⅰ-1(1)	Ⅰ-1(2)	Ⅰ-1(3)	Ⅰ-2	Ⅰ-3	Ⅱ	Ⅲ-1前期	Ⅲ-1後期	Ⅲ-2前期	Ⅲ-2後期	Ⅳ

（数字は人数）

表 8　太田ステージ評価とコミュニケーション手段

文章表現							2
単語			3	1	7	5	1
身振り					1	1	
指さし、視線			12	1	5	2	
発声またはクレーン		9					
なし	42						
手段　＼　Stage	I-1	I-2	I-3	II	III-1	III-2	IV

(数字は人数)

出典：太田昌孝・永井洋子・武藤直子編（2015）自閉症治療の到達点　第 2 版．日本文化科学社，p284.
※日本文化科学社より許可を得て転載

　亀井は、一口に「重症心身障害」といっても対応は一律ではないということを、太田 Stage を指標とすることによって示したといえます。発信に乏しい人々であっても、その内面は多様であり、支援者がコミュニケーション手段を細かく使い分けることによって、お互いに通じ合えたという実感を得る機会が増えていくことが期待できます。

　次に、重症心身障害児への応用について、教育・福祉の観点も加えて述べていきます。

4　重症心身障害児への発達支援の実際

　近年、障害者の権利に関する条約に基づく国の施策もあって、重症心身障害児や医療的ケアの必要な子どもが通所支援サービスを利用するケースが増えています。都道府県に作成が義務化されている障害児福祉計画（第一期：平成 30 年〜 32 年度）においては、国は、「平成 32 年度末までに、主に重症心身障害児を支援する児童発達支援事業所及び放課後等デイサービス事業所を各市町村に少なくとも 1 カ所以上確保すること」、医療的ケア児支援のためには、「平成 30 年度末までに、各都道府県、各圏域及び各市町村において、保健、医療、障害福祉、保育、教育等の関係機関等が連携を図るための協議の場を設けること」としました（厚生労働省，2018）。

　これらの子どもたちに対しては、もとより訪問診療、訪問看護、居宅訪問型保育、訪問教育などの形態で居宅訪問型のサービスが提供されていましたが、平成 30 年度以降、上記のような行政のバックアップもあって、急速に通所サービスの利用が増えていきました（厚生労働省，2021）。

　医療的ケアの必要な子どもの全てが重症心身障害児というわけではありませんが、意

思疎通が困難かつ日常的に医療が必要な子どもたちへの発達支援には、高い専門性が必要です。たとえば、「医療型児童発達支援センター」などでは、医師や看護師が常駐する体制が整い、経験豊富な保育担当の職員もいるでしょう。しかし、始めたばかりの小規模の福祉型事業所では、健康・安全に配慮したケアの提供に加え、発達支援をどのように行なったらよいかと模索しているところもあると思われます。筆者が 2020 年に行なった放課後等デイサービスへの調査（立松・張，2020）においても、呼吸器ケアのニーズのある子どもについて「発達支援の必要性がわからない」という回答があったことが印象的でした。

　そもそも筆者も、まだ 20 代だった 1983 年に重症心身障害児者が対象の療育センターで訪問教育に携わった当初は、看護師や介護福祉士など医療や介護のプロに囲まれながら、教師としての自分の役割がわからず思い悩んでいました。そのときは、子どもの体に触ることや体位を変えること、歌を歌いながら体を揺すること、外に出て風に当たることなどの教育的意義が十分に理解できていなかったと思われます。1989 年に「障害児基礎教育研究会」に所属し、そこで「コミュニケーションの道具としての教材教具」という考え方に出会って、少しずつ心理・教育的立場から重症心身障害児にかかわることの意義を見出していきました。

　さて、この研究会による取り組みと亀井による無シンボル期の細分化（表 6）とはほどよくマッチし、これらを組み合わせて整理すると、重症心身障害児への発達支援の意義や働きかけの内容がより具体的になります（表 9）。たとえば、Stage Ⅰ-1（1）では外界と自分との区別が曖昧ですから、触ると「いい音がする」などフィードバックの明快な教材教具からの刺激が外界の存在に気づくきっかけとなり、自らの感覚を主体的に外界に向けていく力になります。Stage Ⅰ-1（3）では、口を起点として外界に手を伸ばす「リーチング」が起こりやすくなるため、つかんだものを口で確かめることが外界への挑戦の第一歩です。それらのことを承知していれば、「口に当てる」「物をなめる」なども発達過程にある重要な行為として捉えることができます。亀井は、関節可動域を広げたり、手足のマッサージ、口腔マッサージ、音楽に合わせて楽しく身体に触れる、マッサージのクリームの香りをかぐ、布の動きで風を感じる、つまり近位感覚である触覚、嗅覚、固有覚（筋肉の感覚）に働きかけることが、心理職として提供したプログラムであったと述べています（太田ら，2015，第Ⅷ章）。

　こうした近位感覚を刺激する活動は、すでに1990年代の学校教育の一形態として、施設内訪問教育でも日課としてプログラム化されていました。ただ、支援者がその発達的意味をわかってやっているかどうか、そして、わずかな反応からその成果を感じ取れるかどうかは重要な課題です。亀井が細分化した無シンボル期の太田 Stage は、新任の仲間も含めて活動内容の意義を共有し、個別の指導計画などに反映するためのツールとして役立てることができます。

　以下、「障害児基礎教育研究会」で製作された代表的な教材教具を、亀井の分類と心理職としての取り組みに照らして示しました。また、巻末資料においては、手の使い方の発達に焦点を当てながら、定型発達で3歳までの行動と Stage との関係を一覧表にし

表9　無シンボル期の重症心身障害児の状態像と活動内容

Stage	心理職としての取り組み（亀井）	教育的取り組み（立松）[10]
Stage Ⅰ-1 (1) ほとんど反応がない Stage Ⅰ-1 (2) 身をよじるなど何らかの反応がある 自己刺激的な行動が多い	寝たきりの人が多い。働きかけへの反応が弱く表情も乏しい。 ○心地よい状態を保つ ○楽しい雰囲気の中で五感に働きかける ・手足の関節可動域を広げる ・手足のマッサージ ・口腔マッサージ ・身体に触れ音楽に合わせて楽しく車いすを動かす ・クリームの香りをかぐ ・布の動きで風を感じる	外界と自分との区別が曖昧、能動的な行動に乏しい。 ○わずかな動きに振動や音で反応する教材を使い、主体的な動きを引き出す ・ピヨピヨスイッチ ・フットスイッチ　☞p123
Stage Ⅰ-1 (3) 物にかかわろうとする、触れるとつかむ	身体接触に対して受け入れる、拒否するなどの反応がある。 手で引っ掻く、拒否の意思表示で人の手を払う、持って眺めるなどの手の操作がある。 ○外界への興味を引き出し広げる ○見る、つかむことを促す	刺激があれば手を出しかかわろうとする。 ○手を伸ばす行為を引き出す ・回転ガラガラ

10）イラストは、「障害児基礎教育研究会」で考案、製作された教材教具に基づきます。

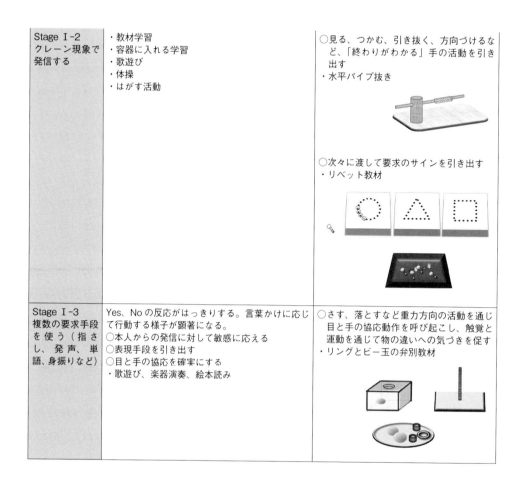

Stage I-2 クレーン現象で 発信する	・教材学習 ・容器に入れる学習 ・歌遊び ・体操 ・はがす活動	○見る、つかむ、引き抜く、方向づけるなど、「終わりがわかる」手の活動を引き出す ・水平パイプ抜き ○次々に渡して要求のサインを引き出す ・リベット教材
Stage I-3 複数の要求手段を使う（指さし、発声、単語、身振りなど）	Yes、No の反応がはっきりする。言葉かけに応じて行動する様子が顕著になる。 ○本人からの発信に対して敏感に応える ○表現手段を引き出す ○目と手の協応を確実にする ・歌遊び、楽器演奏、絵本読み	○さす、落とすなど重力方向の活動を通じ目と手の協応動作を呼び起こし、触覚と運動を通じて物の違いへの気づきを促す ・リングとビー玉の弁別教材

ています。

　これらの支援は、太田ステージの理念にしたがって、「できるようにする学習」ではなく、動きを通じて外界との相互交渉を引き出し、高める意図で行なわれます。移動や操作に不自由のある人においては、怒りやストレスが自分を傷つける方向に向かいやすく、亀井は、「Stage I-1 (1) (2) では自己刺激的行動が多く、手で頬を叩く、耳を引っ掻く、手を口の奥の方まで入れる、陰部を触るなどの行動になりやすい一方、感覚運動的活動を積極的に行うことにより、これらの行動は防止できる」と述べています。また、Stage I-1 (3)、I-2 では、「自分の要求が出現し、一定の活動性は出てくるものの、思い通りにいかないときの興奮が出やすくなるため、積極的に本人が持ったり振ったりする物や操作により音が出る物を提供すると、興味がそちらに向くことで自己刺激

的行動を予防することができる」と述べています。

　このように、無シンボル期の対象では、手の活動を促すことが行動障害の予防に直接的に役立ちます。体を傷つけるなど望ましくない行為を完全に消し去ることは難しくても、その手を達成感のある活動に導くことにより、それらの行為の減弱が期待でき、ひいては生きる力につながるといえます。

　この、「**適切な学習を通じて望ましくない行動を減弱する**（☞ p103)」という基本的な考え方は、無シンボル期を脱した子どもにおいても同じです。物との相互交渉を促し、手の活動を通して人への要求や関心を引き出していくうちに、「こうすればこうなる」などの発見に伴って、その人が本来もっている学習意欲が高まっていきます。人がもともともっている学びのエネルギーを解き放ち、適切な方向に導く手段として、物（教材教具）が重要な役割を果たすといえます。

第3節　知的障害への適用 ——見逃せない視覚 - 運動機能の視点

1　知的障害教育に必要な視点

　立松（2009, 2011a, 2015）は、特別支援学校において、知的障害のある子どもたちの「見て」わかること、「見て」操作することに関する全般的な弱さ、とりわけ、通常の小学校から適応の問題で特別支援学校の中学部に入学した子どもにおける視覚 - 運動機能の弱さや歪みが、社会生活への適応に大きく影響していることに気づきました。

　視覚 - 運動領域は、言語教示によって測る太田 Stage では測定しにくい領域です。たとえば、紙のシートを使用する「3つの丸の比較（LDT-R3）」は通過できず、具体物を動かす LDT-R4 は通過する Stage Ⅳ の事例などは、言語理解に比べて視覚 - 運動系に特別な弱さがあるといえます。ちなみに筆者が経験した事例では、LDT-R3 の大中小の○を具体物（球）に変えたら、4つの質問を全て通過することができました。

　定型発達では通常、運動機能も Stage にしたがって発達します。Stage Ⅰ の終わり頃にはよちよち歩き、Stage Ⅱ で自由に移動し、Ⅲ-1 では走る、跳ぶなどの粗大運動が充実し、Stage Ⅲ-2 からは「閉じた丸を描く」などの微細運動の発達に進みます。

　一方、中学部段階になった ASD では、Stage Ⅰ でもはさみを器用に使ったり、Stage Ⅲ-1 でも文字を書くなど、比較的良好な視覚 - 運動機能の発達が観察されます。定型発達で1歳～1歳半の子どもがはさみを使えるかどうかを考えてみれば、「比較的良好な視覚 - 運動機能の発達」の意味がおわかりいただけるでしょう[11]。年齢が高くなると、最も苦手な部分と比較的遅れが軽い部分の差が大きくなり、発達の様相がつかみにくくなっていきます。

2　課題の選択に関する問題

　『認知発達の実践マニュアル』においても、ASD を伴わない知的障害児では、同じ

11）ただし、Stage Ⅳ以上の ASD ではしばしば不器用さが指摘されます。

Stage でも、ASD の子どもが得意とする視覚－運動的な課題には対応できない場合もあります（☞ p28）。たとえば、ASD では Stage Ⅰでも色の弁別やカードのマッチングができることがあるのに対し、脳性麻痺を伴う場合、年齢が高くなっても色の違いに気づかないといった事例がみられます。『認知発達の実践マニュアル』において該当 Stage の課題が難しすぎるという事例の多くは、視覚－運動系のスキルでつまずいていることが疑われます。

　ピアジェは、シンボル機能は定型発達の1歳半から2歳までの間に出現し、言語、遅延模倣、遊び、描画、イメージの5つの側面で観察できるとしています（Piaget & Inhelder, 1966）。「太田ステージ評価」が言語教示の理解を通して測る検査である一方、描画など視覚－運動系を通して観察される表象機能の側面があり、定型発達もしくは年齢

写真1　触覚で大小を弁別する「プットイン」

が低い子どもの場合はそれらの不均衡が目立たないのに対し、年齢が高くなった障害のある子どもでは、それらが大きく乖離している場合があります。この視覚－運動を通した表象の発達は、日常的な言葉でいえば、「心の世界」に対して「目でわかる世界」です。視力が悪くなくても、目の前の対象の大きさや形がわからない子どもの内面は、認知機能がよく発達した大人には想像しにくいといえます。

　しかし、教材教具を使った学習においては、明らかに大人とは違う子どもの認知を、比較的容易に発見することができます。たとえば、「プットイン」（**写真1**）において、穴に入りそうもないビー玉を押し込もうとする様子を見たことがないでしょうか？　その様子は、形や大きさの判断に視覚ではなく触覚を使っていることを示しています。当然ながら、「プットイン」や型はめは、見ても大きさや形がよくわからない子どものための教材です。しかし、大人はこの「見てもわからない」状態が納得し難く、視力の問題がなければ、自分と同じように見える（わかる）と考えてしまうのではないでしょうか。

　4、5歳の定型発達児が書く反転文字なども、子どもの目には大人とは違った世界が映っていることを示しています。見たものが実際とは反転して認識されるとしたら、動きが思うようにいかず、イライラすることにもうなずけます。鹿取（2003）は、触覚や

視覚、聴覚などの異種感覚を統合した操作に習熟し、書字などに必要な要件が整うのは、定型発達で 6 歳くらいとしています。精神発達年齢が 6 歳未満であれば、「大人と同じようには見えていない」と考えるのが妥当に思われます。

3 「鳥の絵課題」の発達的検討

「目でわかる世界」も「心の世界」と同様に、現実の行動に影響を与えます。大きさや位置や方向がうまく認識できなければ、着替えや制作活動などの動作がちぐはぐになり、生活にも遊びにも重大な支障が生じます。

立松（2006, 2010）は、2 歳から 6 歳の定型発達児と特別支援学校の小中学部の学童を対象に、「鳥の絵課題」（Task of Birds: TOB）と名付けた課題（**図2**）を「太田ステージ評価」と組み合わせ、シンボル表象機能における言語系（Stage）と動作系（TOB）の発達とその不均衡さを捉え、行動との関係を明らかにしようとしました。

TOB は、A4 判のシートに描かれた 6 つの鳥の絵の、欠けている腹の部分を補う課題です。最初の 2 つは手をとって描き、残りを 1 人で描いてもらい、その描き方によってタイプ分けをするという、「太田ステージ評価」と同じくらいシンプルな評価法です。始点と終点とが結べれば通過とし、その他、細かい判定基準は田中ビネー知能検査の類似の課題「小鳥の絵の完成」に準じます。

図2　鳥の絵課題（TOB）検査シート

まずは、特別支援学校の中学部 81 名（平均年齢 13 歳 3 ヵ月：全員自力歩行が可能、てんかんのある子どもは除く）を対象に、Stage を測り、TOB の通過率を Stage と障害で整理しました（**図3**）。すると、（知的障害を伴う）ASD では、他の子どもよりも前のステージで TOB を通過することが示唆されました（立松, 2003）。

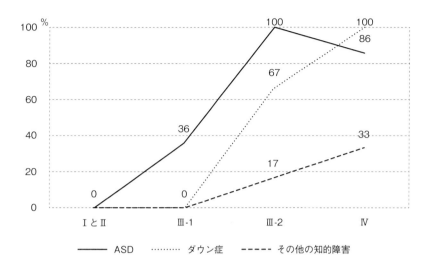

鳥の絵課題の通過率

n=81

Stage	ⅠとⅡ	Ⅲ-1	Ⅲ-2	Ⅳ	母数計
ASD	0/6	4/11	5/5	6/7	29
ダウン症	0/4	0/0	6/9	2/2	15
その他の知的障害	0/9	0/7	1/6	5/15	37
母数計	19	18	20	24	81

図 3　鳥の絵課題を通過した人数（下）と通過率（上）（障害別）

図 4　TOB の通過パターン

　図 4 が「通過」のパターンです。お腹が丸くなくても、始点と終点が結ばれていれば通過とします。**図3** 上のグラフは、Stage ⅠとⅡではどの障害種でもTOB を通過しないこと、Stage Ⅲ-1 では、ダウン症やその他の知的障害群は通過しないが、ASD 群では36% が通過することを示しています[12]。

　次にこの 81 名を、障害種ではなく、TOB の通過群と不通過群で分けて Stage で整理しました（**表 10**）。

12）後に対象を増やし、637 名の知的障害児で調査した結果、Stage Ⅰでも鳥の絵課題の完成形（おなかが丸く描かれ始点と終点がきちんと結ばれている）を描く ASD の子どもが 2 名見つかっています（立松，2009，2015，p26）。

表 10　Stage と TOB の通過・不通過

n=81

Stage	ⅠとⅡ	Ⅲ-1	Ⅲ-2	Ⅳ	計
不通過群	19	14	8	11	52
通過群	0	4	12	13	29

p<.01, df=3, χ^2-test

　TOB を通過する割合は Stage ⅠとⅡ⇒Ⅲ-1⇒Ⅲ-2 と増えていくのに、Stage Ⅳにおける通過率は 54%（13:11）で、Stage Ⅲ-2 の通過率 60%（12:8）よりむしろ下がっています。その Stage Ⅳ群の通過群では、1 名を除いた残り全員（6 名）が ASD を伴う生徒でした。では、不通過群の 11 名（ASD を伴う生徒 1 名を含む）はどのような生徒だったのでしょうか。一人ひとり見ていくと、明らかに「日常会話ができる」が「失敗を恐れる」「不器用な」「キレやすい」子どもたちでした。筆者が直接担任をした事例も、ASD の診断はないが行動障害の強い、端的にいえば、「どうしたらいいかはわかるが、自分がやろうとするとうまくいかないこともわかる（から癇癪が起きてしまう）」事例でした。

　その後、立松・太田（2005）は 2 歳から 6 歳の定型発達児 481 名で LDT R3 と TOB を実施し、通過率が年齢に応じて有意に段階的に上がること、また、LDT-R3 と TOB は各々 3 歳で通過率が 50% を越え、2 歳半の通過率よりも有意に高いことを確認しました。

　さらに、標準化された田中ビネー知能検査の 3 歳台の動作性課題である No.26「小鳥の絵の完成」や No.34「円を描く」とも通過率を比較し、TOB が定型発達では 2 歳半と 3 歳を分ける発達課題であること裏付けました。3 歳後半で、TOB の通過率は「小

表 11　TOB と田中ビネー知能検査における類似の課題

年齢	2:0～2:5	2:5～2:11	3:0～3:5	3:5～3:11	4:0～4:5	
TOB（人数）*1	0	33	66	66	71	
通過人数（%）	0	14（42%）	49（74.2%）	50（75.7%）	63（89%）	
					4:0-4:11	
田中ビネー知能検査（人数）*2	17	8	18	28	95	
通過人数（%）						
26. 小鳥の絵の完成	0	2（25.0%）	11（61.1%）	21（75.0%）	92（96.8%）	年齢級 3 歳
34. 円を描く	0	1（12.5%）	7（38.9%）	18（64.3%）	75（78.9%）	年齢級 3 歳

＊1　財団法人田中教育研究所（2003）田中ビネー知能検査Ⅴ 理論マニュアル pp92-93. 田研出版.
＊2　立松英子（2004）知的障害の重い子どもの言語理解と視知覚 - 運動機能の乖離を捉える簡易指標の検討 - 3 つの丸の比較」と「鳥の絵課題」を使って -. 学校教育学研究論集, 10, 135-141. 東京学芸大学大学院連合学校教育学研究科.

鳥の絵の完成」とほぼ同等、「円を描く」よりもやや高いことが示されています（**表 11**）。

図5　TOBの「足を囲む」タイプ
（Stage Ⅳ、15歳9ヵ月）

TOBの描き方を6タイプに分けたその後の研究（立松，2010）では、ASDを伴わない知的障害児145名のうち、足を囲むタイプ（**図5**）を描いた事例（5名）は、他のタイプ群に比べ、「気になる」行動（本郷，2006）の総得点の平均で最も高いという結果を確認しています。この群は、全体に占める割合はわずか（3.4%）でしたが、不器用さだけでなく、突然の癇癪や教室からの逃亡、課題に対する顕著な臆病さなど、情緒や行動面のトラブルが報告されていました。以下は、**図5**のタイプを描いた中学部生徒の担任からのコメントです。

・言葉の発達に比べ、5までの数の操作も不安定。
・丁寧に書くことや数の学習に自信がなく、学習への拒否感が強い。
・自信をもっている学習には積極的に取り組むが、自信がない学習には拒否的、教室移動時などに逃げ出してしまい、なかなか帰ってこない。
・することを理解していても、よく間違える（トランプを同数ずつ順に配るなどの課題で）。
・荷物の整理ができず、よく物を壊す。
・注意されると癇癪を起こし、注意した人物や物にイライラをぶつける。

　視知覚の不安定さからくるもどかしさ、そのもどかしさをうまく説明できないことでさらにもどかしくなる子どもの心が伝わってくるようです。Stage Ⅳでは、社会的な視点で自分と他者を比較できるからこその葛藤が生じていることが推測できます。

　これらのことから、知的障害を伴う人の行動の理由を発達の側面から検討する際には、Stageに加え、視知覚及び視覚－運動の発達を評価することの重要性が示唆されます。その後、筆者は常にLDT-RとTOBをセットで使うようにしています。

第4節 学校教育への導入

1 教育分野の特異性

　筆者（立松）は、精神科医療（デイケア）において自閉症の治療教育に出会い、教育の場で長く仕事をし、現職では、保育所や社会福祉施設、放課後等デイサービスなど福祉の現場と研究を通じて親しくお付き合いさせていただいています。このように、医療から教育・福祉へと身を置く中で、教育分野では、「評価」に関する独特な受け止め方があることを感じてきました。本節では、そのことについて少し触れておきたいと思います。

　医療は「個」を対象にしますが、学校は「集団」を基調とした社会的な場です。特に我が国では良くも悪くも集団のまとまりが重視され、教師の力量の1つである「授業力」も、授業単位としてのクラスや学年をまとめる力が問われます。特に通常学級の中では、障害があるとわかっていても、その子に焦点を当てた環境を作るためにはかなりの努力が必要です。単純にいえば、医療は治療を求めてやってくる人の個のニーズに応える場であり、個に対して専門的な検査と治療が提供され、その人の年齢や文化にふさわしい、いわゆる「通常の生活」を営むことを主な目標として支援します。学校に毎日行くことは「通常の生活」の指標の1つであり、順調に通えれば医療の必要性は低くなります。

　一方、学校は、籍のある子どもは毎日来るのが当たり前の場所です。多くの時間を同年齢の子どもと過ごし、「個に応じた教育」が重視されつつも、集団の秩序のために個が合わせなければならない場面が多く、「きまり」を意識させることは、社会性を身につけるための学校としての必要不可欠な役割でもあります。そのため、状態が悪くなり皆と歩調を揃えることが難しくなれば教室にいることすら苦痛になり、克服が難しければ医療の門を叩くか、そのまま不登校になってしまう事例もあります。

　認知発達治療の対象になる子どもたちは、学校と医療の間を行ったり来たりしています。どちらの目標も、「子どもの最善の利益」（児童の権利に関する条約）を実現することではありますが、それぞれの場の雰囲気や大人たちの価値観、働きかけの視点は異な

り、子どもの情緒や行動に少なからず影響を与えています。例を挙げれば、ADHD を伴う子どもは、家庭や診察室、心理スタッフによる療育場面といった人の少ない場では落ち着いていても、不特定で揺れ動く刺激の多い学校では、突如感情を爆発させて「特別な子」になってしまうことがあり、それがきっかけで学校との関係が悪くなり、知的な問題ではなく行動を理由として通常学級から特別支援学校に転学せざるを得ない事例もあります。少人数で構成される特別支援学校では、確かにそれまでとは違った安らぎがあるかもしれませんが、将来を考えたときに、その子にふさわしい社会的環境を提供していけるのかどうかは悩ましいところです。

2 学校で起きがちな誤解

　1994 年頃から、筆者は徐々に養護学校（現 特別支援学校）に太田ステージを紹介していきました。しかし、前述のように、学校では独特の受け止められ方をすることが多く、検査の実施手順だけを伝えてしまうと、教育内容が思いもよらない方向に走り出していってしまうということがありました。現在は障害についての研修が豊富で、以前ほどではないと思いますが、「太田ステージ評価」を初めて導入する際に経験した「学校らしさ」を記録しておくことは、今後の取り組みにおいて役立つかもしれません。

「太田ステージ評価」を学校に導入する際にみられた「学校らしさ」

- ・「評価」という言葉により、Stage が高いと「よく」Stage が低いと「よくない」という印象を抱きやすい。検査結果をより高い Stage にしたいという無意識の心理が働き、身振りを含めた多様なヒントを出す、誤答が出ると首を傾げて正答を引き出そうとするなどして、ありのままの評価になりにくい。
- ・LDT-R1 や R2、R3 などシートによる課題に応じられない場合は、「障害が重すぎて太田ステージ評価はこの子どもに適さない」「太田ステージ評価はそのような（障害の重い）子どもには対応していない」と考える（☞ p118）。
- ・教育実践においても Stage を上げることが目的になってしまい、極端な場合は、LDT-R の課題を「練習する」人が出てくる。一方、Stage が上がらないと失望して、評価をする意味がないと感じてしまうこともある。
- ・太田ステージを教科学習との関連で捉え、適応行動の獲得や減弱したい行動への対応、

保護者支援と結びつける発想になりにくい。たとえば、国語や算数のグループ分けの
ために Stage を使い、『認知発達治療の実践マニュアル』を参考に課題設定するが、子
どもの行動の理由を考えるときには、Stage ごとの状態像を参考にすることが少ない。
・年齢が高くなると、いわゆる「読み書き計算」のスキルが積み上がるため、Stage に
　該当する発達年齢が受け入れられない（☞ p110）。
・太田ステージと他の専門的アプローチを比較して、どちらがよいかと考える。

　本来子どもの心の世界を理解するために開発された「太田ステージ評価」なのですが、
そうした目的が伝わりにくいときに、上記のような反応が起きてしまうと考えられまし
た。そのため、事前の研修は必ず行ない、評価の実施手順（検査技法）だけではなく、
理念の理解に十分な時間をかける必要がありました。第 1 部第 3 章では「太田 Stage
の視点を通して子どもの行動を観察すると、たとえ言語交流が困難な子どもであっても、
その視線や動き、指さしを手がかりに認知の発達水準を短時間で把握することができ、
療育の方針が立てやすくなります（☜ p22）」と述べていますが、評価後の教育実践へ
の適用過程においては、特に行動の見方についての繊細な説明が必要でした。
　これらの要因の 1 つは、おそらく学校が社会的な場だからということがあるでしょう。
「太田ステージ評価」を踏まえて妥当な方針を立て、教師集団が納得して協力できる、
そして行動障害の減弱や適応行動の獲得、保護者支援にまで視野を広げて効果的な教育
方法を立案し、個別の指導計画に落とし込むには、Stage の発達的意味を、管理職を含
め学校全体に誤解なく理解していただくことが必要といえます。

3 特別支援学校における Stage と行動との関係

　学校教育への導入に先立って立松（1993）が調べたところによれば、当時立松が所属していた知的障害を対象とした養護学校には、シンボル表象機能が確立されていない段階（Stage Ⅰ とⅡ）の子どもが小学部 62 名のうち 2/3、中学部 54 名のうち 1/3 存在していました[13]。

　この 116 名の子どもたちを対象に言葉の表出を調べたところ、全体的には Stage にしたがって表出が増える一方、Stage Ⅲ-1 以上でも表出がない子どもがいましたし、逆に、Stage Ⅰ でも一語文を話す子どもがいることもわかりました。この結果は、亀井が重症心身障害において実証した、「言葉の表出と Stage が必ずしも一致するとは限らない」ことと同様といえました（**表 12**）。

表 12　太田 Stage と言葉の表出

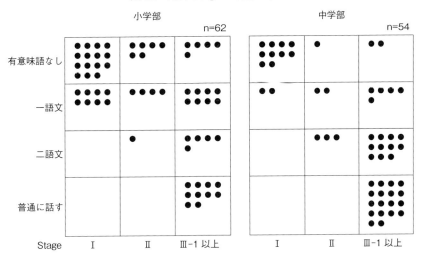

　出典：立松英子（1993）精神薄弱養護学校における養護・訓練の指導について　―主に言葉の理解に乏しい子どもの環境の認知及び心理的適応について―．平成 5 年度東京都教員研究生（文部省内地留学生）研究報告書.

---

13) 現在の特別支援学校では、比較的障害の軽い子どもが増え、この頃よりも多様化している実感があります。しかし、近年公立学校で組織的に心理検査や行動評価を伴う調査をすることは極めて難しくなっており、残念ながら新しいデータをお示しすることはできません。

　シンボル表象機能が確立されていない Stage Ⅰ やⅡの段階では、表出の有無にかかわらず、言語指示によって行動できるのは日常的な環境の中で繰り返されたスキルに限られます。コミュニケーション手段は、言葉よりも物の提示や指さし、身振りの方がよく通じます。模倣の力も十分ではなく、集団の中にいても友達の動作から自然に何かを学び取ることは難しいため、新しい取り組みにおいては感覚運動的な補助が必要になります。言葉の表出があるとどうしても、教師からの指示も言葉を中心としたものになりがちですが、個々の行動の背景にある認知の「質」への気づきがあれば、上記のような配慮の必要性は説得力を帯びてきます。

　立松（1993）は表 13 の項目で基礎的な認知の力を一人ひとり確かめてみました。これらは定型発達の Stage Ⅰ-2 では獲得が難しい内容です。

表 13　基礎的な力と判定基準

基礎的な力	意味	判定に用いた具体的操作
要求表現の手段	人を人として意識し、意思を伝えるための手段を使う	大人の手を引く、身振りや片言を使う
「ちょうだい」に応じる	人からの簡単な要求を感じ取り動作で返せる	筒抜きの課題を使い、「ちょうだい」と手を出し渡すかどうかで判断する
指さしの理解	指さしの示すものに目を向け、適切な行動を起こせる	棒さしの課題を使い、指さした場所を見るどうかで判断する
手合わせ、即時模倣	人の動作を見て自分の体の動きに置き換える	対面して、手合わせ、万歳、グー、パーなどを真似るかどうかで判断する
目と手の協応	目で手の運動の予測をし、それに合った動きを出せる	丸や四角の溝なぞりをする
バランスよく歩く	位置や方向を測るための基準として自分の身体の軸を持っている	15cm ほどの高さの平均台を渡る
物に名前があることが分かる	動作や日常の文脈と結びついた理解でなく、言葉と物が結びついている	1.5m ほど離して置いた靴、帽子、コップを「●●とってきて」に従って持ってくる

出典：立松英子（1993）精神薄弱養護学校における養護・訓練の指導について　―主に言葉の理解に乏しい子どもの環境の認知及び心理的適応について―. 平成 5 年度東京都教員研究生（文部省内地留学生）研究報告書.

　結果は、Stage Ⅰ の子どもは ASD の有無にかかわらず、表 13 のような課題に独力で応じることが他の Stage と比べて顕著に少ないということでした。加えて、表 14 のような感覚の未熟性に由来する行動（生後 11 ヵ月までの行動）も、Stage Ⅰ で顕著に多く見られました。これらは、無シンボル期の認知発達を表す行動ですから、発達の諸原則（☞ pp23 ～ 25）からいってもこの結果は当然です。

表14　感覚の未熟性に関する行動

1	睡眠障害、昼夜の逆転など生理的リズムの乱れがある
2	理由のよくわからない泣きや笑いがある
3	手をかざしたり、指を動かしてじっと眺める
4	注視や追視の力が弱く、注意が次々に移ってしまう
5	大人が子供の手に触れようとすると、手を引っ込めたり払いのけようとする
6	物を見るや否やつかみ口に持っていく
7	物をつかむとき、つかみ方が弱く、すぐに取り落としたりする
8	物を両手でもて遊ぶ
9	鏡に強い興味を示し、鏡の自己像に向かって働きかける
10	色々な物をつかんでは床に投げることを喜ぶ
11	小さな物をつまんでは瓶に落としたり、口や鼻や耳の穴に入れたりする

出典：立松英子（1993）精神薄弱養護学校における養護・訓練の指導について　―主に言葉の理解に乏しい子どもの環境の認知及び心理的適応について―．平成5年度東京都教員研究生（文部省内地留学生）研究報告書．

　この結果が示唆していたのは、「これらの行動はシンボル機能の有無と強い関係があり、叱責や繰り返しの指導で減弱することは難しい」ということです。

　さらに、Stage Ⅲ-1 に達した子どもでも、**表13**の基礎的な力の一部でも欠けていると、集団の学習場面では著しい不適応を起こす、一対一の指導や支援が必要な場面が多いなどが明らかになりました。結論として、社会適応力を育てようとすれば、基礎的な認知機能の弱さに目を向ける必要があるということが示唆されています。

　現在は、自立活動の「環境の把握」や「身体の動き」においてこうした観点が明確化されており、小学校や中学校の学習指導要領においても、特別支援学級において「自立活動」の観点を取り入れることが明記されるようになりました[14]。社会的行動の基盤には認知の力があり、この基盤が個々の発達を支えるということは、「自立活動」の目標である「個々の児童又は生徒が自立を目指し、障害による学習上又は生活上の困難を主体的に改善・克服するために必要な知識、技能、態度及び習慣を養い、もって心身の調和的発達の基盤を培う」[15]とも重なります。学校全体で共有し、個別の指導計画にも反映していくことが望まれます。

14）小学校学習指導要領（平成29年告示）第1章第4の2の（1）のイ　特別支援学級において実施する特別の教育課程については、……（ア）障害による学習上又は生活上の困難を克服し自立を図るため、特別支援学校小学部・中学部学習指導要領第7章に示す自立活動を取り入れること。／第1章第4の2の（1）のウ　障害のある児童に対して、通級による指導を行い、特別の教育課程を編成する場合には、特別支援学校小学部・中学部学習指導要領第7章に示す自立活動の内容を参考とし、具体的な目標や内容を定め、指導を行うものとする。
15）特別支援学校幼稚部教育要領・小学部中学部学習指導要領 p199。

第2部
実践編

第2部では、福祉、心理、教育の実践から、第1部で述べたことを、実際の場面を
示しつつ裏付けていきます。

第 5 章

福祉の分野から
——保育所など子どもの施設での実践を中心に

第 1 節　日常のかかわりを通しての太田ステージ評価

　理論編第1章「太田ステージと療育や特別支援教育との接点」においても述べたように、近年、療育は、医療・福祉・教育のあらゆる場で行なわれるようになってきています。保育所や認定こども園、幼稚園などにおいても、保育士や幼稚園教諭の方々の努力のもと、さまざまなかかわりの工夫がなされています。しかしながら、子どもたちと日々接していると「なんでそんなことするの？」または「なんでやらないの？」と言いたくなる場面に出会うこともあると思います。そのようなとき、ついその行動を止めさせたくなったり、「みんなやっているから」と他の子と同じようにやらせたくなることもあるのではないでしょうか。しかし、なぜ子どもがそのような行動を行なうのか、その行動の背景にある発達的な意味がわかると、その行動を起点とした発達支援の方向性が見えてきます。

　では、日常の中で、どのようにして子どもの行動の発達的意味を理解していくことができるでしょうか？　保育所などの現場においては、子どもに発達検査などを実施することはほとんどありません。そのため、日々の行動観察を通し、子どもの発達状態を捉えていくことが重要となります。しかしながら、**観察で見られる行動は、一見同じような行動でも、子どもによってその背景の発達的意味は違ってきます**（☞ pp24 〜 25）。ここでもしその意味の見誤りをしてしまったならば、その後の発達支援の方向性を歪めてしまいかねません。したがって、日々の観察においては、その行動の発達的意味を見誤らないよう注意深く観察するとともに、その行動にどのような発達的意味があるのかを整理していくことが必要となります。理論編に示されていますように太田ステージ評価は、ピアジェによる発達段階を参考に構築されており、対象児の発達段階

を簡便に把握することができるとともに、各段階における行動特徴を詳細にまとめています。そのため、実際に「太田ステージ評価」を行なえない場合においても、日常の様子や観察時の特徴を各 Stage における状態像と照らし合わせることで、その子どもの発達段階を把握することができ、行動の背景にある発達的意味に気づかせてくれます。

　本章では、保育場面での相談において出会った事例を通して、子どもたちの示す行動の発達的意味を理解するために、どのような点に焦点を当てて観察していくか、観察された子どもの様子を太田 Stage の各段階との関係でどう理解するか、さらに、日常のかかわりを通しての発達支援について考えていきます。

第2節　触ってわかる世界を共有する（Stage Ⅰ）

事例 ❶

　３歳児の A ちゃんについては、「どうやって遊んだらよいかわからない」とのご相談を受けました。普段、A ちゃんは、室内や園庭を周囲の壁やオモチャにタッチしながらふらりふらりと歩き回り、手に触れたオモチャを舐めて過ごしていることが多いとのことです。おおむね機嫌の良い A ちゃんですが、時々示す突然の泣きや、急に勢いよく走り回ったりすることについて、本人の気持ちや要求を汲みとるのが難しいとのことです。筆者が A ちゃんに会ったときは、先生に抱っこされながら玉さしの玉を舐めていました。先生のお話では、「玉を舐めるのが好きなので、玉さしで遊べればと思い、一対一の場面を作って援助しながら促すけれど、やはり舐めるだけになってしまう。椅子に座ってもすぐ立ってしまい、ふらふら歩き回り、他の子の遊んでいるオモチャを取って舐めてしまうため、抱っこしてしまうことも多い」とのことです。

発達を捉える視点

　A ちゃんは発達の流れの中でどの位置にいるのか、理論編に示されているピアジェの認知発達段階と Stage を重ねた**表3**（☞ p16）を参考にしながら考えてみます。

　物を触りながら歩く、オモチャを舐めるなどの様子から、A ちゃんが手先の触感や口での感触により周囲をキャッチしていることがわかります。この行動は、**表 3** における、感覚運動期（無シンボル期）、「触ってわかる世界」の状態と重なります。要求の表現の仕方はどうでしょう。理論編で解説されているように、Stage I は要求表現の状態により 3 つの階段に分けられています（☞ p14）。A ちゃんの要求表現は、泣くなどの情動的な反応は見られるものの、周囲が理解できる明確な表現は見られていないようです。このような観察により見られた A ちゃんの行動から、その発達段階は、Stage I -1、手段と目的が未分化であり要求手段が認められない段階であることが推察されました。

日常のかかわりを通しての発達支援

　Stage I -1、物に触れる、舐めるといった行動が中心となっている A ちゃんへのかかわりの糸口を見つけるためにさらに観察を進めました。

　抱っこされている A ちゃんのそばに行き、様子を見ます。A ちゃんは、私に目もくれず玉を舐めています。そこで、A ちゃんの顔に当たらないように気をつけながら、A ちゃんが舐めている玉の穴に玉さしの棒先を差し入れました。玉が舐めにくくなったためか、A ちゃんが手を離し、玉はスーッと棒の根元に落ちました。筆者が、すぐに別の玉を差し出すと、A ちゃんは受け取り、舐め始めました。そこで、再度、棒の先を穴に差し込むと、また A ちゃんは、手を離し、玉が落ちました。このやりとりを繰り返す中で、A ちゃんは、差し出された玉を受け取り舐めること、その玉に棒が差し込まれ、手を離すと、その玉がスーッと動くこと、その一連の流れを楽しんでいるように見えました。

　玉さしを行なうには、棒を見ながら、そこに差し込む意図をもって玉を操作しなくてはなりません。感覚による物への働きかけが中心となっている A ちゃんにとって、このような玉さしの一連の操作を行なうことは、まだ難しいと思われます。ですので、かかわりにおいては、大人の設定した『本来の玉さしのやり方』に子どもを誘い込むのではなく、子どもの感覚遊びに大人が参加し、他者や物の動きへの気づきを引き出していくことが、その後の意図的な物の操作につながる重要な経験となります。

　A ちゃんの行動に見られる、手に触れる、口に触れるということを通して外界とつ

ながる状態は、生まれたての赤ちゃんと同じ外界理解と言えます。生まれてすぐの赤ちゃんは、教えられたわけでもないのにオッパイに唇が触れるとしっかりと吸い始めます。これは感覚運動期の反射行動といえます。そして、定型発達では、それから数ヵ月の間に自分の手をジッと見て、その手を口に入れるようになります。生後5ヵ月になる頃には差し出されたオモチャをよく見てつかむようになり、外界への探索活動が格段に広がっていくことがわかります。この変化で重要になるのが「対象を見る」という行為の獲得です。物を舐めることに終始しやすい今のAちゃんが、「対象を見る」行為を獲得することは、簡単ではありません。しかし、生後5ヵ月の間に見られる赤ちゃんの外界理解の変化を考えますと、見る行動の獲得がいかにその後の発達に重要かがわかります。そこで、「対象を見る」行動を引き出すためのヒントとなる場面をAちゃんの活動の中から探すことにしました。

　Aちゃんは、観察中どの場面においても、「対象を見る」様子は見られず、触覚を頼りに過ごしています。例えば、椅子に座るとき、Aちゃんは椅子を見て座るのではなく、先生に手を引かれるまま椅子に近づき、足が椅子に触れ、先生に肩を押してもらうことの刺激を受けて座ります。靴を履くとき、先生に足を靴に差し込んでもらい、その感触を刺激として、少しだけ足を靴に入れます。このような場面で、先生は度々、「Aちゃん見て」との声かけますが、Aちゃんはどこ吹く風といった様子で対象の方に目を向けることはありません。しかし、そんなAちゃんが、給食の配膳がはじまると、自ら、給食がセットされた机の方へ近づいて行きました。

　このとき、Aちゃんは、1つの対象をしっかり見ているというわけではありませんでした。しかし、筆者が観察する中では、唯一、Aちゃん自身が目的をもって動いた場面と考えられました。先生にお聞きすると、他の日も給食のときは、机の方に近寄っていくとのことです。しかし、熱い給食が運ばれる中、周囲を見ることなく近づき危険なため、普段は先生が手をつないで椅子まで誘導し、座らせているとのことでした。そこで、その日は先生にお願いし、机に給食が配膳されたところで、Aちゃんを机から少し離れた椅子の真正面に連れてきていただきました。そして、筆者が、椅子の隣にしゃがみ、椅子をトントンと叩きながら「お椅子、座って」と声をかけました。このとき、Aちゃんに筆者からの発信がしっかり届くよう、Aちゃんと椅子との距離、筆者の声をかける高さに細心の注意を払いました。Aちゃんの視線が、筆者と椅子の方へ向け

られました。そして、まっすぐ椅子に近づき自分で座りました。

　このときのＡちゃんの行為は、「見る」というより視界に入ったという感じであったかもしれません。しかしながら、このようなわずかな行為の変化が感覚運動期にいる子どもたちにとっては重要な発達の芽となります。物を舐める、触る行動が生活の主であるＡちゃんにとって、「対象を見る」ということは、とてもハードルが高く思えました。しかし、今回の観察を通して、生活全体を通して「見る」行動につながる場面を拾いあげ、意図的にかかわることで、「見る」を引き出していける可能性が見出せました。

　給食でのかかわりの後、先生は「『見る』ことは重要と思っていたけれど、着脱の援助のときやコップを持つとき、玉さしのときなど、細かい動作のときに『見て』と言っていた気がする。椅子に座るときの視線は意識していなかった」と話されました。そして、Ａちゃんの「対象を見る」行動を引き出せる可能性のある場面について、意見を出し合い中で、シーツブランコ（子どもをシーツの上に乗せ、左右を大人が持ちユラユラ揺らす遊び）で使用するシーツが床に敷いてあると、Ａちゃん自らその上に寝そべったり、くるまったりすることがあるとのエピソードが出されました。先生は、さっそく、このシーツを使って「見る」行為を引き出せるよう試したいとおっしゃられました。これからのＡちゃんの「見る」を引き出すかかわりがとても楽しみです。

　Ａちゃんの事例に見られたように、「見る」ことを促そうとするとき、往々にして、対象物をしっかり見ないとできないような操作場面で声かけしやすいのではないでしょうか。たとえば、ボタンをはめるとき、指を持って援助しながら「ボタン見て」と伝える、袋をフックに掛けることを促しながら「良く見て」と伝えることも多いと思います。このような場面は、大人にとって「見る」ことがその行動を行なうために重要で必然となる場面です。しかし、子どもにとっては、「見る」必然性のない、動機づけがかかりにくい場面と言えます。子どもにとって見る必然性のある場面とは、Ａちゃんにとっては、大好きな給食を食べるときの椅子に座ること、感触が心地よいシーツに寝そべることと言えます。「触ってわかる」世界にいる Stage Ⅰ-1 の子どもたちにとって、「見る」行為を引きすことは、とても難しいけれど、次の外界理解につながる重要な課題です。だからこそ、日々の中で、子どもの眼差しや動きを細やかに観察し、生活全体から、本人にとって必然性のある、動機づけがかかりやすい場面をみつけだすことが発達支援につながっていきます。

　「遊び方がわからない」という先生からのお話を受け、Aちゃんへの行動観察を行ないました。その過程を通してのAちゃんへの発達支援の方向性として、2つの視点をもちました。1つは、感覚遊びに大人から入り込むことを通して、外界からの刺激への気づきを引き出していくこと、もう1つは、生活全体から動機づけにつながる場面を見つけ、「対象を見る」という新しい行為を引き出していくことです。観察を通して発見したAちゃんの姿の中に、たくさんの発達の芽が感じられます。

事例❷

　3歳のBちゃんは、「人が近づくと嫌そうなので、そっとしておいています」と紹介されました。発声も聞かれないBちゃんは、名前を読んでも振り向かず、人がそばに行くとスーとすり抜けていく様子が見られました。人へのかかわりは見られず、一番落ち着いて繰り返していることは、バケツに貯めた水の中に小石を落とすこととのことでした。人とのかかわりが少ないBちゃんは、要求自体少ないけれど、たまに泣いてしまったときは、周囲が状況から要求を察知するようにしているとのことでした。先生からは、「少しでも人とかかわれるようになってほしいけれど、負担になってしまうか心配で」とのお話がありました。

発達を捉える視点

　自由遊びの様子、要求表現の様子からBちゃんの発達について考えてみましょう。要求表現に焦点を当ててみると、Bちゃんは、「泣く」という方法しか見られないため、StageⅠ-1、手段と目的が未分化であり要求手段が認められない段階となり、ステージ段階としては事例1のAちゃんと同じです（☞p14）。では遊びの様子はどうでしょう。Bちゃんの遊びは、小石を水に入れて水の波紋や光の揺れを見るという感覚刺激的な遊びが中心です。しかし、この遊びの中には、「水の波紋を見る」という「目的」のために石を落とすという「手段」が含まれています。感覚運動期における「手段と目的の分化」の獲得は、この段階における重要な質的な変化であり、その後の要求を叶える目的のために行なうクレーン現象、指さしにつながります。それゆえ、「波紋を見るために、水の中に石を落とす」というこのBちゃんの行動は、感覚刺激的行為ではありますが、

今後のさまざまな手段と目的の分化につながる重要な発達の芽と言えます。

　要求表現に焦点を当てた場合は、A ちゃんと同じ Stage Ⅰ-1 である B ちゃんですが、遊びの様子からは、対象物を「見る」ことが今後の課題となっている A ちゃんと、「見る」ことをすでに自発的な行動の中に取り込んできている B ちゃんとでは、明らかな違いがあることがわかってきました。では、B ちゃんの発達支援の方向性をどのように捉えたらよいでしょうか。

日常のかかわりを通しての発達支援

　B ちゃんは、物への働きかけとしての目的的行動が見られますが、クレーン現象のような人に対して要求を伝えるための目的的行動は、まだ獲得していません。発達において人の手をまるでクレーン車のように扱うクレーン現象は、要求手段としては直接的な行動であり、指さしに比べると未熟な手段といえます。しかしながら、人を動かせば要求が達成できると気づき、人を道具として扱える点においては、Stage Ⅰ-1 から Stage Ⅰ-2 への移行を示唆する重要な行動といえます。このことより感覚刺激を得るために手段を講じられるようになっている B ちゃんにとっては、物と人との違いに気づき、人に対して手段を講じていけるようになることが、今の泣くだけの要求表現を広げていくための重要な課題であることがわかります。では、現在の B ちゃんの、物とは違う人へ気づきはどのように表れているのでしょうか。

　その点に焦点を当てながらかかわってみました。バケツの水に小石を拾っては落としている B ちゃんの近くにそっと座り、様子を見ながら、少しずつ近づいて行きました。近づきすぎると、その場から離れてしまうように感じましたので、本当にゆっくり少しずつそばに寄っていきます。その後、小石を B ちゃんの近くに 1 個ずつ置きます。少し続けた後、今度は筆者である私の手の平に乗せて差し出します。地面よりも近くに差し出されることで B ちゃんは楽に取れるようになりました。そのためもあり、人の手であることを気にすることなく、筆者の手の平から取ってくれました。

　その後、さらに取りやすいように、石をつまんで B ちゃんの方へ手を伸ばして渡します。少し筆者の存在を感じたのか、動きが止まりました。しかし、無言で渡したため、無用な刺激とはならなかったようです。B ちゃんは小石を受け取り、水に落とし続けました。B ちゃんは、その後も、筆者の方を見ることなく、行動を続けています。しばら

く一定のリズムで渡す中、渡さないで待ちました。Ｂちゃんは今まで届いていた石が来ないため、ふっと顔を上げ、筆者の方を向きました。その瞬間に、「はい」と言って、石を渡しました。差し出され、そして受け取るパターンに慣れてきていることもあってか、Ｂちゃんは拒否することなく受け取ってくれました。それ以降は筆者を振り返り、渡されるのを待ってくれるようになりました。

　石を落とし波紋を見るという「物に対する手段と目的の分化」の行動を、筆者の方を向くと石が来るという、「人に対する手段と目的の分化」に広げられたといえます。その後、握った手の中に石を入れてＢちゃんの前に差し出しました。Ｂちゃんは、小石がないため、動きが止まりました。筆者は、Ｂちゃんが不安にならないよう素早く、そっとＢちゃんの手を取り、筆者の手の上に乗せました。そして、それと同時に手を開き、石を渡しました。数回このやりとりを繰り返すと、その後、Ｂちゃんは自分から、手の平に自分の手を置いてくれるようになりました。

　このやりとりの時間は、さほど長いものではありませんでしたが、かかわりを通して、Ｂちゃんが、その場に立ち会っている筆者の存在を受入れ、小石を落とす遊びに参加させてくれていると感じました。「少しでもかかわりたい」という先生からの思いを受け、Ｂちゃんへの行動観察を行ないました。筆者とのやりとりを見て、先生は、「近づくといつも避けられていたので、やりとりができることにびっくりした」とおっしゃられました。このかかわりを通して、Ｂちゃんへの発達支援の方向性は、一見、１人で完結しているように見えるＢちゃんの遊びに、邪魔をしない、役立つ存在として参加していくこと、そして、芽生えている物に対する手段と目的の分化を人への要求表現につなげていくことと考えられました。さまざまな生活の場面で、Ｂちゃんの感覚をベースにした物とのかかわりに寄り添い、場を共有し、人が役に立つ安心できる存在であると気づける環境を作っていくことが求められます。

事例 ❸

　２歳児クラスのＣくんは、ニコニコした表情がかわいい男の子。喃語的な発声や興奮したときに大きな声を出すことはありますがまだ明確な言葉はみられていません。名前を呼ぶと、振り向くこともありますが、まだ確実ではないとのことです。指示の理解は、言葉だけでは難しく、直接的な援助が中心とのことです。ドアを開

けてほしい、オモチャを取りたいなどの要求は頻繁に見られ、大人の手を引っ張ってやってもらうクレーンでの要求となっているとのことです。遊びは、プラレールのレールやミニカーを並べていることが多いとのことで、筆者がCくんに会ったときも、電車や車のオモチャがたくさんあるプレイルームの一角で、周囲にいる大人や子どもとは、まったくかかわることなくプラレールの線路をひたすら一列に並べることを繰り返していました。集団活動時、先生からのお話を聞く場面では、ドアの開け閉めに熱中していたCくんでしたが、リズム運動が始まり、他児が走り回りだすと、同じように走り回る様子が見られていました。先生は、「表情も豊かで、抱きついてくることもあり、人への関心は感じられるのだけれど、遊びややりとりにつながらない」と話されていました。

発達を捉える視点

　名前を呼ばれたときの反応が不確実であり、日常の言葉かけの理解もまだ難しいCくん、要求手段は、手を引っ張って示すクレーン現象が主となっており、動作表示や指さしなど人への明確な発信は見られていないようです。このような様子から、Cくんのステージ段階を整理しますと、「シンボル機能が認められない段階」の要求手段がクレーンまたは発声など単一であるStage I-2に該当すると考えられます（☞ p14）。Cくんは、事例1のAちゃん、事例2のBちゃんと同じく、「触ってわかる段階」ではありますが、「手段と目的の分化」を獲得し、クレーンを人に対して使っているという点において質的に違うといえます。では、Cくんの発達支援の方向性はどのように考えられるでしょうか。

日常のかかわりを通しての発達支援

　名前を呼ぶと振り向くこともあるCくん、また、リズム運動では、他児の動きにつられて同じように走り回る様子も見られています。そして、クレーン現象を要求手段として使っています。このような様子から、Cくんは、物とは違う「人」の存在に気づいており、人の動きによって行動が触発されていることがわかります。
　このようなCくんの対人反応を、多様な要求表現につなげていくことはできないで

しょうか。その点に焦点を当ててかかわりました。レール並べをしているCくんに近づき、レールを無言でCくんに渡していきます。Cくんは、私の存在を気にする様子もなく、渡されるレールを受け取り並べています。数回繰り返した後、わざと渡さないでいると、レールが取れないことに気づいてCちゃんが筆者を見ます。そのときがチャンスです。「はい」と言ってレールをCくんに渡します。Cくんは、筆者を見、笑顔で受け取りました。次に、要求手段としての動作表示につなげていくため、プラレールを渡すときにCくんの手を持って「ちょうだい」のサインを一緒にやってみました。最初は、すぐにレールを取りたがりましたが、素早くサインを出すように援助していく中で、嫌がることも減ってきました。そこでさらに、直接の援助を止め、「ちょうだい」の動作見本を示すようにしました。すると、繰り返す中で、ぎこちない形ではありますが、「ちょうだい」の動作を模倣する様子が見られました。

　このかかわりのヒントとなったのが、Cくんがリズムの時間に示した、他児が走ると同じように走りだす様子です。この場面が、見本を見せることで模倣を引き出せる可能性を感じさせてくれました。

　次に、指さし表現を引き出すための働きかけを行ないました。レールとレールではない他のオモチャを並べて示し、まずはレールではないオモチャを差し出します。Cくんは受け取らずレールの方に手を伸ばそうとします。そのタイミングで、Cくんの手を取って援助し、レールを「これ」と言いながら一緒に指さしします。このやりとりを繰り返した後、動作見本で指さしを示すと、指でレールを触る様子が見られました。このCくんの動作は、まだ指さしというより、指の動きの模倣ではありますが、直接的なクレーンではない、サインによる表現としての広がりがありました。このやりとりの後、お別れのときに、名前を呼ぶとCくんは顔を上げ、差し出した私の手にハイタッチしてくれました。

　先生からは、「物ならべに終始してしまうので、電車遊びに発展させようとかかわったけれど、いつもスルーされていた。かかわるつもりが、本人のやりたい遊びを止めさせることになっていたんですね。他の子と一緒に走り回りまわっても、興奮してみんなが止めてもずっと走っていたり、クルクル回りの感覚遊びもみえるため、模倣とあまり考えていなかったけれど、他児のまねっことして考えれば良いのですね」とのお話がありました。Cくんの発達段階においては、オモチャを機能的に操作するまでにはまだイ

メージが育ってないことが考えられます。子どもとの遊びを考えるとき、オモチャの機能にとらわれず、今のその子どもの発達段階にそった遊び方を尊重し、共有する中で、やりとりにつなげていくことが大切と考えられます。また、日常場面の観察において、子どもにとって、他者の存在がどう行動の触発につながっているのかを見極めていくことも重要と考えられました。今回の観察とかかわりを通して、Cくんの物ならべを尊重し、協力していく過程で多様な要求表現につなげていくこと、人の動きに触発される姿、場面をとらえて身体を使った模倣遊びにつなげていくこととを、これからのCくんへの発達支援の方向性として先生方と共有しました。

Stage Ⅰのまとめ

　Aちゃん、Bちゃん、Cくんの事例を通して、感覚運動期にいるStage Ⅰの子どもたちの遊びや生活の中にある、さまざまな"発達の芽"に気づかされました。子どもたちの示す行動は、感覚刺激的行動やこだわりであったりしますが、その行動の背景にある発達的意味を理解し、次につながる"発達の芽"を見落とさないように拾い上げることが、適切な発達支援につながります。触ってわかる世界にいる子どもとのかかわりの起点は、言葉ではなく本人の好きな「物」であったり、「動き」であったりします。日々の生活の中、その子どもが自発的に行なう活動を尊重し、その世界に「役に立つ存在」として参加させてもらいながら、発達の芽を引き出せるよう意図的なかかわりや環境調整を行なっていくことで、「触る」から「見る」へ、そして「人への気づき」につながっていきます。そして、この変化が、次の「シンボル機能の芽生え」につながる基礎となっていきます。

第3節 言葉の世界での戸惑いに気づき寄り添う（Stage Ⅱ～Ⅲ-1）

事例❹

　3歳児のDくんについては、保育所の先生より、「わかっていそうなのに指示がなかなか届かない。どこまでわかっているのか判断が難しい」とのご相談がありました。生活習慣や日常の流れに沿ったことは、個別の声かけでほぼできているとのことですが、動きが多いため、制止しなくてはいけない場面も多く、その際に、なかなか応じてくれず困っているとのことです。1人で転々としていることが多く、自分から人に寄ってくることは少ないけれど、物を取って欲しいときは、まだクレーンでの要求も見られるものの、指さしと単語で伝えてくることも増えてきているとのことです。遊びの時間は、園庭のブランコやすべり台などの遊具を転々としたり、絵本コーナーで絵本を見ていることもあるとのことです。また、アニメのフレーズを独り言でつぶやいているとのことです。観察時も、絵本を見たり、ブロックに触ったりするものの、全て短時間で終わり、転々と動いていました。近づいて名前を呼ぶとチラッとみるものの、その場を離れてしまうことが繰り返されていました。

発達を捉える視点

　要求表現はクレーン現象とともに、単語や指さしも見られるということですので、複数の要求手段を獲得した段階であるStage Ⅰ-3以上と考えられます。また、絵本を見たり、独り言のようにアニメのフレーズをつぶやくこともあるということから、Dくんの外界との接点は、感覚運動によるだけではなく、言語をはじめとする表象機能の認知構造も見られ始めていると考えられます。しかし、ここで注意しなくてはいけないのは、言葉が表出されているから言葉の意味がわかると判断してしまうことです。言語表出があっても記憶による模倣に留まり、意味理解が伴わない場合があるからです。そこで念のため、Dくんの外界を理解する手立てが、感覚運動的思考を主としているのか、言葉をはじめとする表象的思考によるものなのかを見極めることにしました（☞p14）。「太

田ステージ評価」において、Stage Ⅰ（感覚運動期）から Stage Ⅱ（感覚運動期からシンボルの世界の移行期）の橋渡しとして重要なのは、単語を表出しているかどうかではなく、投げかけられた名詞に応じて応答の指さしで示せるかどうかです。そこで、この点に焦点を当ててかかわってみました。

　近寄ると、スーッと他の場所へ行ってしまう D くんです。しばらく遠くから見守ることを続け、少しずつ近寄っていき、何とか絵本を見ている D くんに近づくことができました。筆者は、まず、D くんが見ている絵本の中にある絵の名前を独り言のように呟きました。観察を始めた前半、絵本を見ているときに近づくと、スーとその場を離れた D くんでしたが、今回は離れることなく筆者の存在を受け入れてくれるような雰囲気がありました。そこで、今度は指さしをしながら絵の名前を呟き、様子を伺いながら、「○○どれかな？」と聞くと、こちらを見ることは無いものの指さしで応答してくれました。LDT-R の図版を使って評価を実施したわけではないのですが、日常の様子や遊びの様子、このやりとりから、D くんの外界を知るための認知的枠組みは、言葉による理解へと広がっていることが確認できました。

　次に必要なことは、その理解の枠組みが、感覚運動期から表象期の移行期である Stage Ⅱ なのかシンボル機能が明確に認められる Stage Ⅲ の段階なのかを見極めです。この段階の違いは、日々の D くんへの言葉かけの内容に大きく影響してきます。**表2**に示されているように、もし Stage Ⅱ ならば、物に名前のあることはわかってきていても、その理解の仕方は一義的であり、日常の言葉かけには、そのことをふまえた工夫が必要となります。一方、Stage Ⅲ であるならば、本来の言語の理解を獲得してきており、日々の中で、色や形など属性を含めた内容や、複数の指示理解を伝えることで言葉の意味理解を深めていくことが求められます。そこで、この違いを見極めることに焦点を当て、さらに D くんの様子を見ていきます。

　まず、場面ごとの指示理解について観察を行ないました。外遊びの後、先生に手を洗うよう声をかけられ、子どもたちが水道の前に順番に並びだすと D くんも列に並びました。また、トイレを促す声かけにそってみんながトイレに行くと D くんもトイレに行きました。このような様子からは、日常の言葉かけは、ほぼわかっているように思われました。しかし、ASD の場合、その記憶力の良さから、日常繰り返される行動や指示を場面とのセットで覚えていることがあります。そのため、場面と切り離された「言

葉のみの理解」がどのくらいあるのかを確認する必要があります。そこで、給食時、「言葉のみの理解」について確認をするために、環境を設定してかかわりました。

　給食時の座席は決まっており、Dくんも間違えることなく毎日座っているとのことです。また、各自の椅子の背もたれには一人ひとり違うシールが貼られており、それが、自分の椅子の印となっています。そのDくんが座るべき椅子を少し離れたところに置いてみました。Dくんは、いつもの場所に椅子がないため、立ったまま戸惑う様子が見られました。そこで、Dくんに、「Dくんの椅子取って来て」と声をかけたところ、チラッと筆者を見てから隣にある椅子に座りました。再度、「Dくん、椅子取って来て」と声かけをしましたが、座れて安心したのか、その声かけには反応せず、本来の席にあった自分のコップを自分の前に置き直し、そのまま座っています。そこで「椅子違うよ、立って」とシールを指さし、×マークを示しながら声をかけ、Dくんの手を取って立つように促すと、Dくんは怒ったように手を振りほどき、そのまま座り続けました。

　この様子から、Dくんの言葉の理解の状態をどう捉えるでしょうか。「椅子取って来て」と言葉かけをしたところ、Dくんは、隣にある椅子に座ってしまいました。この行動の背景として、Dくんは、日常的な名詞の理解はできてきているため、指示中の「椅子」という単語は理解したと考えられます。しかし、動作の言葉を含む指示全体を受け取ることが難しく、普段、給食の場で行なっている椅子に座る行動をとってしまったのではないかと推察されます。さらに、一旦、隣の席に座ってから移動を促したとき、Dくんは、強く抵抗をしました。このことについては、Dくんにとって給食時の行動は、自分のコップのある場所に座ることとなっているため、すでに自分のコップが前にある席に座ることで給食時の行動は完了していたのではないかと推察されます。それゆえ、立たされることは想定外であり、強く抵抗したと考えられます。Dくんの視点に立てば、すべきことを行なっているのに、それを止めさせられてしまうという危機感があったのかもしれません。このような、単語のみに反応する様子、また、場面とセットになった言葉の理解は、言葉の一般化の理解に至ってないStage Ⅱの特徴と考えられました。もし、DくんがStage Ⅲであった場合どのような反応が想定されるでしょうか。Stage Ⅲ-1は、その認知特徴として、表象機能が確実になり、基本的な動作語の理解が可能となる段階です。そのため「椅子取って来て」の言葉で椅子を取りに行く行動が喚起されたのではないかと考えられます。

　Dくんの行動について、「こだわり」の側面からも考えてみました。Dくんは、コップが置かれている席が確保できれば、自分のマークではない椅子であっても、また、いつもと違う場所であっても、こだわることなく座りました。もしDくんが、こだわりが強く示されるⅢ-1であるならば、いつもの位置への執着がより強く示されるのではないかと推測しました。

　Dくんのステージ段階を確認するために、Stage ⅡとStage Ⅲ-1それぞれの認知構造をふまえ、言葉の理解とこだわりの面から状態像を比べました。その結果、Dくんの言葉の理解は、日常の場面との関係で理解されている側面が強く、理解の仕方が一義的なStage Ⅱの段階と推測しました。

日常のかかわりを通しての発達支援

　Dくんの理解の特徴を先生にお伝えしたところ、先生より、「人とのかかわりは少ないけれど、1人で淡々と着替えやトイレを済ませたり、独り言ではあるがよく言葉を発していることから、もっとわかっているかと思っていた」との言葉が聞かれました。そして、Dくんの、現在の理解にそった発達支援の方向性について話し合いました。言葉の世界への移行期にいるDくんに対しての発達支援は、言葉の一般化を深めていくことであり、その1つとして、動作語の理解を促すことが考えられます。そのためには、日々のかかわりの中でDくんの発達段階にそった言葉かけを丁寧に届けていき、言葉を理解して行動する体験を作っていくことが重要であると考えました。

　しかしながら、現在のDくんは、人と距離を取る様子や、働きかけを嫌がる様子がみられており、大人とのコミュニケーションの機会が少ないことが課題として挙げられました。そこで先生方に1日の流れの中でのDくんと大人とのかかわりの様子について整理していただきました。

　その結果から、着脱場面や給食場面など日常のルーティン場面では、ほぼ流れにそってできるため個別的な声かけはあまりかけていないことがわかりました。また、遊びの場面においては、1人マイペースで動くことを好み、大人が近づくとサッと他へ行ってしまうことも度々あるため、結果的にかかわりが少なくなっていることが示されました。一方、片付けの場面や集団活動では、Dくんの立ち歩き、走り回りが出やすいため、声かけが多くなっており、言葉かけの内容としては、「「○○しないで」「座っていて」「み

んな○○しているよ」など動作語を含んだ禁止や制止の指示が多かったことがわかりました。

　このような実態をふまえて、Dくんが大人から距離を取る背景には、言葉の理解の範囲を超えた言葉かけや、行動を止められる働きかけに対する防衛的な反応があるのではないかと考えました。そこで、この大人との負のかかわりを改善し、本人が「理解できた」と感じられる人とのやりとりがたくさん体験できるよう、日々の生活環境を整えていくことにしました。

　制止の言葉かけが多い場面の1つとして、片付けの場面があげられます。当日の片付け時も、走り回るDくんに「走らないよ」と声をかける先生の姿が見られました。筆者は、走り回るDくんに近寄り、オモチャ入れの籠を差し出しながら、Dくんにオモチャを渡し、「お片付け」と声をかけました。Dくんは、そのオモチャを、投げ入れるようにではありましたが、籠に入れてくれました。その後も、動いているDくんのそばに行き、同様のやりとりを数回繰り返す中で、Dくんから、落ちているオモチャを籠に入れてくれる場面がありました。そのことを先生にお伝えしますと、片付けのときは、大人も忙しく、Dくんに個別でかかわることがなかったこと、また、片付けのときは、Dくんが走り回るのがパターンとなっているため、「走らない」と声かけすることが、大人側のパターンになっていたかもしれないと話されました。

　片付けの場面で走り回ることが多い要因としては、活動の切り替え時でクラス全体が落ち着かない場面であること、水を飲む子、手を洗う子、片付けをする子などいろいろな動きがあり、やるべきことがわかりにくいこと、さらに、走り回ると、先生が「走らない」と声をかけ、時には追いかけて来てくれること、などが影響しているのではないかと考えました。そこで、片付けの場面をDくんにとってやるべき行動がわかりやすく、先生との肯定的なコミュニケーションの場になるよう位置づけました。

　重要な点は、①Dくんが走り回ってから制止するというかかわりは行なわない。②Dくんが確実に理解できる言葉かけを行ない、適切に応じることができる場面にする、です。具体的には、担当が1人つき、Dくんが走り出す前にオモチャを入れる籠を示し、「Dくん○○頂戴」「○○入れて」と名詞と動作語での言葉かけをします。このとき、籠は片付けを示す視覚的サインとして、また、するべきことをわかりやすく示す視覚的サインとしての機能をもちます。指示については、指さしで示すなど、言語だけではなく、

Dくんに確実に指示が届く環境を作っていくことを共有しました。

　一方、この支援を行なう上で、クラスとしての課題も挙げられました。次の活動の準備が重なり、忙しい片付けの時間帯において、Dくんへの個別対応をするための人的配置をどうするかという点です。この点については、園全体でDくんへの対応方法を共有する中で、補助の先生や他のクラスの先生がDくんのクラスにヘルプ対応として入ることが確認されました。

　コミュニケーションを豊かにしていくための場面として、Dくんの要求の仕方についても話し合いました。現在は、指さしや単語が中心です。そこで、今後は、「○○飲みます」「○○取って」など動作語を含めた言葉での表現につなげていけるよう、身振りも使いながら、丁寧に促していくことを共有しました。

　その後、様子をお伺いしたところ、片付け場面では、まだ走り回ってしまうときもあるけれど、追いかけずに籠を示し、オモチャを取るように促すと、自分から寄って来て、オモチャを入れてくれる場面も増えてきたとのことでした。また、先生から「初めてDくんが自分から私の隣に本を持って来て見ることがありました」とのうれしいご報告をいただきました。生活全体で本人に届く言葉が増える中、本人からのかかわりも増えてきています。今後は、日々の中でイメージの育ちにつながる体験広げ、シンボル機能を育んでいくことが、Eくんへの発達支援となっていくことと思います。

事例 ❺

　Eちゃんは4歳。「おとなしく目立たないため大きな問題は見られていないが、反応が読み取れず、どこまでがわかっていて、何がわからないのかがわかりにくい。時々、固まってしまって活動に参加できなくなることがある。今は、困っている様子のときに個別で声をかけ、手助けしているけれど、このままの対応で良いのか、どのような配慮が必要か」とのご相談を受けました。

　最初の観察場面はクラス全体で歌を歌う場面でした。指示に応じて立ったり、座ったりと、外れることなく動けており、「大きな声で」「小さな声で」といった言葉かけにも応じている様子が見られました。Eちゃんは、一見流れにそって順応しているように見えましたが、継続してよく観察していくと、さまざまな場面で戸惑いや、緊張しながら活動している様子が見えてきました。たとえば、楽しんで参加し

ているように見えた活動後、場面と場面の切り替え時に、目立たない程度ですが独りでクルクルと回る様子や、独り言を呟く様子も見られました。

　その日の製作活動では、全体への指示により、「絵具で汚れないように新聞紙が敷いてある場所に椅子を持って移動し、グループごとに座るように」と伝えられました。他の子どもたちは、指示に従い新聞紙のある場所に椅子を運び座りました。しかし、Ｅちゃんは、いつもの場所に椅子を持って行き、1 人座ったままです。友達に「こっち、こっち」と呼ばれ、移動しました。

　人形の顔を描く場面では、先生が実物見本を示しながら、「細い方が上、太い方が下。細い方に髪の毛を描いて、太い方にお口を描きましょう」と子どもたち全体に向けて説明をしました。子どもたちは「こっち細いから頭だよね」と確認しながら作業を始めました。一方、Ｅちゃんは「髪描く？」と細い方と太い方の両方を指しながら先生に聞いています。再度先生が「細い方が頭、太い方が下、口の方だよ」と説明をしました。しかし、Ｅちゃんは「細い方、太い方……」と先生の言ったことを繰り返しながら、再度同じように「ここ髪描く」と太い方を指しながら聞いていました。人形の服の色を塗る場面では、「好きな色で塗って」と指示がありました。他の子どもたちが各々、自分で色を選び、作業を進める中で、Ｅちゃんは止まったままです。先生に「お洋服どうする？」と聞かれても返答がありません。そこで、先生がクレヨンを並べて「好きな色、取って」と促しました。Ｅちゃんは、並べられたクレヨンの中からピンクを取り、塗り出しました。絵具を塗る場面では、「紙が水でびしょびしょになると困るからお水はちょっとだけつけてね」という指示が出されました。子どもたちは、「このくらい？」とちょっとだけ水をつけながら先生に確認をしていましたが、Ｅちゃんは、気にせずに、筆に水をたくさんつけてしまったため、紙が水浸しになってしまいました。

発達を捉える視点

　観察時の様子をステージの認知特徴と照らし合わせて、「わかる」と「わからない」の境を整理してみます。Ｅちゃんは、単語・動作語といった基本的な言語理解は獲得しており、日常の基本的な流れの中では指示に応じられているようです。また、2 語文以

上の表出言語も聞かれている点などから、基本的な言語機能が獲得されているⅢ-1 以上であろうと考えました（☜ p14）。Stage Ⅲ-1 は、Ⅲ-1 の下位分類として、指示に対する応答の仕方によって、ものの関係づけが見られない群と、ものの関係づけが見られる群に分けられています（☜ p17）。子どもとかかわるときには、その違いをふまえ、よりその子どもの理解力にそった伝え方をすることが求められます。そこで、E ちゃんの状態を、この関係づけの視点から整理してみました。

　製作中、道具箱から物を取ってくる場面がありました。「クレヨンとのりを取ってくる」（複数の指示）という指示に従って E ちゃんも適切に行動しました。また、配られたシールを「紙コップの中に入れておいて」（物と物を関係づける指示）の指示についても、指示通りに対応をしていました。日ごろ、繰り返し経験している場面での行動ではありますが、先に記述した場面のような、行動が止まり、明らかに戸惑っている様子とは違い、指示を聞いてスムーズに動いている E ちゃんの姿から、物と物との関係づけはできていると判断しました。

　次に、E ちゃんの発達段階を Stage Ⅲ-1 関係づけ群の認知構造と捉えるか Stage Ⅲ-2 の認知構造として捉えるかの検討が必要となります。Stage Ⅲ-2 は、比較概念の芽生えの段階となり（☜ p14）、理論編に示されているように、Stage Ⅲ-1 までの段階と質的に違い、2 つの物を比べて考えることができ始めます（☜ p15）。この比較概念の理解に焦点を当て、さらに、E ちゃんの様子を整理してみました。

　まず、クラスで歌を歌う時間、E ちゃんは、「大きい声で」「小さい声で」という指示に応じていました。このことから「大きい - 小さい」という比較の概念がわかっているようにも見えます。しかし、ここでの理解は、繰り返して歌っている歌とセットでの理解であるかもしれません。次に、複雑な指示の理解が必要となる製作場面での様子について考えてみます。E ちゃんは、制作場面でのいろいろな指示に対し混乱する様子が見られました。いつもと違う新聞紙のある場所に移動すること、「細い方が上、太い方が下。細い方に髪の毛を描いて、太い方にお口を描きましょう」という指示を理解すること、服の色を塗る場面、筆に水を少しだけつける場面などです。このような観察での様子から、E ちゃんは、まだ 2 つの物を同時に考えることや、理由をふまえていつもと違う指示を理解することが難しい状況であると考えられました。そのため、かかわりにおいては、このような E ちゃんの困難さを理解した対応が必要となります。LDT-R を実

施しての評価ではないので、確定とはなりませんが、Ｅちゃんにより届く伝え方を行なっていくために、Ｅちゃんの発達段階を、概念形成の前の段階である Stage Ⅲ-1 後期と判断し、その理解の特徴をふまえた発達支援の方向性を考えていくこととしました。

日常のかかわりを通しての発達支援

　先生方は、何がわかって、何がわからないのかの線引きが難しく、どこまで援助したらよいか迷っていらっしゃいました。そこで、観察時の様子の特徴について、太田ステージの認知特徴と重ね合わせながら説明しました。そして、複数の指示が入った長い文章、因果関係の説明を含めた指示、多様な比較の言葉についての理解は難しく、それが戸惑いの背景にあるではないかとお伝えしました。先生からは、「なぜ同じ言葉かけでも、できるときとできないときがあるのかと疑問があったが、わかっているように見えても、パターン的な理解である場合があること。自分たちにとっては大きな違いがないように思える指示内容でも、微妙な言い方や提示の仕方の違いによりＥちゃんの戸惑いにつながっているのだとわかった」とのご意見をいただきました。そこで、今後の発達支援の方向性として、日常の体験を通して、言葉の理解を広げていけるように、本人の理解できる言葉かけを工夫していくこと。困ったときに固まらずに助けを出せるようにしていくことを共有しました。具体的には、大きい‐小さい、軽い‐重い、長い‐短いなど比較の言葉を活動の中で意識的に取り入れ、身振りや体験を通して理解していけるようにする、理由の説明は、実際に物を使って示すなどイメージがもてるようにしながら伝える、「何を読んでいるの？」「誰と遊んでいるの？」などの質問をし、Ｅちゃん自身が自分のしていることを言葉で説明する機会を作る、困っている様子のときは、「どうしたの？」などの抽象的な聞き方ではなく、やるべきことを再度具体的に伝えたり、「○○と○○どっちのほうが濡れない？」など選択肢を示して自分で考えるようにする、など本人の認知的特徴を意識したかかわり方を考えました。また、休み時間に、目立たないけれど常同的な動きが見られていること、そのような行為は本人の緊張や戸惑いのサインかもしれないということをお伝えし、サインを見落とさず、本人が安心して過ごせる環境づくりにつなげていくことも確認しました。楽しそうに見えている子どもが、密かに抱えている困難さに気づけるよう、子どもの行動への気づきを大切にしていきたいとの想いを改めて共有しました。

Stage Ⅱ～ Stage Ⅲ -1 まとめ

　　Stage Ⅱの子どもたちは、感覚運動期から表象的思考期への移行期に属し、Stage Ⅲの子どもたちは表象的思考期の入り口に属します（☞p16 **表 3**）。言葉を外界とのかかわりの手段として使えるようになっていますが、まだ「言葉とイメージの世界」とは隔たりのある、「見てわかる世界」にいる子どもたちです。"言葉"を受け取る間口はまだまだ狭く、言葉があふれる日常生活の中での戸惑いも多いと思います。しかし、ASD を伴う子どもは優れた記憶力や視覚的なヒントを活用して場面適応していることも多く、実際の理解力よりもわかっているように見える場合があります。そのため、日常の言葉かけも本人の理解できる内容より難しいものになりがちです。子どもにとって処理しきれない言葉かけは、子どもの不安を高め、子どもが人と距離をとることにつながる一因ともなります。また、理解できる限界点をあいまいにしたまま、困ったときの手助けを繰り返すことは、その場面をやり過ごす行動パターンを身に付けることにもなり、本来的な意味理解を学ぶ機会を失ってしまうかもしれません。ですから、日常の生活場面を振り返り、どのような場面で困難さを感じているのか、その理由は何なのかについて、その子どもの発達段階の特徴をふまえて検討する必要があります。その上で、個々の発達段階に応じた言葉かけや環境の調整を行ない、「わかる」体験を積み重ねていくことは、子どもたちの人へのコミュニケーション意欲を育み、言葉の世界や思考の枠組みを広げていく力になると考えます。

第4節　人とのかかわりの困難さを理解し橋渡しをする（Stage Ⅲ-2 ～Ⅳ）

事例 ❻

　4歳のFくんについては、「言葉の理解力もあり、友達ともかかわるけれど一方的な面がありトラブルが起きやすい。1番にこだわる様子も見られていて、そのこともトラブルの原因になる」との説明を受けました。観察時、Fくんは、先生の話をよく聞き、指示に従って行動ができていました。しかし、順番に並ぶ場面や園庭から部屋に入るなどの移動場面になると、Fくんの表情が険しくなり、1人慌てた様子で1番前に並ぶ様子や、1番に部屋に入ろうとする様子が印象に残りました。

　絵本の読み聞かせのとき、先生の周りに子どもたちが椅子を持って集まりました。他の子どもたちは場所にこだわらず絵本を見ることに夢中でしたが、Fくんは、何度も椅子を動かし置き直すなど、位置にこだわる様子が見られました。製作活動時では、大きな紙に何人もの子どもが並んで描くため、子ども同士が近づいて座る状況となりました。するとFくんは、何も言わずに隣の子を押し、自分から遠ざけようとしました。先生に止められても、しばらく押し続ける様子が見られました。そこで先生が、「みんなで一緒の紙に絵を描くからお友達とくっついて座らないとできない。遠くに座ったら、手が届かないよね」と動作も交えてくっついて座る理由について説明しました。また、制作の活動時間について「長い針がうさぎさん（時計に貼ってあるシール）のところに来るまで」と全体に終わりの時間を示されていました。先生の説明後、F君は、渋々という様子ながらも応じ、その後の活動中には笑顔も見られていました。

発達を捉える視点

　Fくんは、園生活の中での指示理解もできており、大きく外れる様子は見られませんでした。会話においては、3語文以上の内容も聞かれました。そのようなFくんの様子で特に気になった点は、園からの説明にもあったように、順番に並ぶ場面や移動時に一

番前に並ぼうとし、また園庭から部屋に入るときにいち早く部屋の中に入ろうとするなど、1番のポジションを取るために必死になっている様子です。険しい表情になるのは、このポジション取りが達成できるかどうかの不安の表れなのではないかと思われました。

　このような、1番へのこだわりが現れる背景としては、物と物を比較する思考の枠組みができてきたものの、経験に基づいた一方的な理解にとどまり、柔軟な比較ができないという認知構造が考えられます。そして、この特徴は、比較概念の芽生えの段階であるStage Ⅲ-2の子どもに現れやすい特徴の1つといえます。

　Fくんの様子を、この特徴と重ね合わせて考え、日々の困難さの背景には、Stage Ⅲ-2の認知特徴があると推察しました。

日常のかかわりを通しての発達支援

　Stage Ⅲ-2の思考の特徴として、比較概念が芽生え、日常場面で理解できることも増えてきますが、思考の枠組みが限定されているために、自分のイメージと現実との間で葛藤が起きやすいことが想定されます。Fくんの様子からも、「1番」という基準でしか納得感がもてない思考の硬さが、他児との関係においても、自分の気持ちの上でも、負担となっているように感じられました。また、Stage Ⅲ-2は、自我の発達とともに人への意識が育ってくる段階といえます。そのため、人との比較を通して自信を失くしたり、それがまた1番へのこだわりを強めてしまったりもします。

　先生との話し合いにおいては、日々の様子や、観察時の様子をStage Ⅲ-2の認知特徴と重ね合わせて整理しました。その上で、Fくんへの発達支援の方向性として、自分中心になりやすい行動の背景を理解し、本人が納得して行動を切り替えられるよう、言葉かけや環境の調整を行なうこと、思考の枠組みの柔軟性を高めていくための工夫を取り入れ、かかわっていくこととしました。また、他児とのかかわりを通して良い体験が積まれるよう、クラス全体の環境の調整にも、より配慮していくことにしました。

　日々の中でつい言いがちになる「誰が1番かな」など、1番が強調されるような声かけを控え、その代わりに、多様な評価軸を体験できる環境を作るようにしました。具体的には、並ぶときに、あらかじめ、一人ひとりの子どもたちの順番を決めておき、その順番通りに並ぶことができたら、そのことを褒めるようにします。このときに、子ども同士で、順番を言い合い、教え合うことも大切な視点とし、「友達の存在」にも気づけ

るようにしました。また、クラス全体に静かに歩いて移動するよう伝え、到着の順番の評価ではなく、「静かに歩いて来られたね」と歩き方について肯定的な言葉かけをすることも取り入れました。「勝ち負け」が明白になりやすいゲーム時の工夫としては、「勝ち負け」だけではなく、「応援を頑張った」「順番を守った」など多様な評価軸の設定を考えました。実際の場面では、ホワイトボードに、評価内容をイメージできる絵を貼り、勝負に負けても、他の部分で花丸をもらえるなど、多様な視点からの自己評価に気づけるような環境設定を考えました。また、0、100になりがちな思考の刻みを細かくしていくために、「少しずつ」や「もう少し」など行動の調節につながる言葉かけを意識的にかけていくこともお伝えしました。

　Ｆくんの行動観察を通してもう１つ気になった点は、他児と並ぶ場面で相手を押すことや、座る位置にこだわる様子が見られた点です。この様子については、感覚過敏のため、人との距離感への反応性が高くなるための行動ではないかと考えられました。そのため、日々のかかわりにおいては、そのことを念頭におき、友達と近づく場面では、席を適度に離す、時々声をかける、活動の中に動きを入れるなど、過敏な反応が高まらないよう環境調整を行なうことが重要と考えました。また、Ｆくんの言葉を使わず、即、相手を押す行動の背景として、日常場面での言語理解力は育ってきているものの、相手に伝える言葉のレパートリーが少ないことが想定され、特に、感情が高ぶると言葉より直接的な行動が出やすくなるのではないかと考えました。このような、既に感情が高ぶっている場面においては、「押すのではなく、言葉でいおうね」と伝えても、適切な言葉を思いつくのは難しいと思われます。そのため、落ち着いているときに、クラス全体で相手に伝わる言葉を考える時間をもつことを提案しました。先生からは、クラスの他の子どもたちにとってもかかわりのルールを学ぶ機会になるとのご意見をいただきました。そして、子どもたちが理解できるような提示の仕方について、いろいろと意見が出されました。

　製作の時間、Ｆくんが友達と近づくことを嫌がった場面で、先生は、無理に我慢させることはせず、動作も交え、「なぜくっついて座らなければならないか」について具体的な理由を説明し、Ｆくんの了承を得ようとされていました。その結果、渋々ではありますがＦくんも了承し、その後の活動では笑顔も見られていました。発達支援における、「本人が納得して行動を切り替えられるよう、言葉かけや環境の調整を行なうこと」と

は、まさにこのようなかかわりであろうと、振り返りの中で共有しました。この経験は、
Fくんにとって、友達との距離の取り方についての大切な成功体験になったのではない
かと思います。活動の中の1コマではありますが、日々のこのような丁寧なかかわりが、
自分視点で一方的になりやすいFくんの思考の枠組みを広げる大切な機会となってい
くのだと筆者自身の学びとなりました。

事例 ❼

　Gちゃんは6歳になったばかりです。保育所の先生からは、「給食の時間、友達
とふざけているときに『そんなに遊びたいなら、お隣の部屋に行ってずっと遊んで
いなさい』と注意したところ、一緒にふざけていた子どもたちは静かになったのに
Gちゃんだけは、『遊んでいいの？　やった！』と言ってお友達に『あっちで遊ぼ
う』とニコニコして誘っていました」というエピソードをお聞きしました。Gちゃ
んは、日々の生活の中で特に困ることもなく、既に文字や数字も書けていて、友達
と手紙のやりとりをしているとのことです。観察時も、どの場面においてもスムー
ズに参加する様子が見られました。見学者である筆者が「今、何歳かな」と聞くと、
「6歳です。お誕生日は4月です。来年は小学校」と丁寧に話してくれました。

発達を捉える視点

　文字、数の理解、生活に適応している様子、話しかけへの応答の様子からGちゃん
は知的な面の遅れは見られないと判断し、年齢相応の発達段階であるStage Ⅳと推測し
ました。Stage Ⅳは、基本的概念が形成された段階であり、定型発達の4歳くらいから
7、8歳に該当します。このように、Stage Ⅳは年齢の幅も広いため、LDT-Rの「保存
の概念」課題により前期と後期に分けられています（☞ p17）。

　日常の様子から、Stage Ⅳの前期か後期かを見極める視点について考えてみます。
『Stage Ⅳの心の世界を追って』（太田ら，2013，pp33-37）では、「サリー・アン課題」
のStage Ⅳ前期と後期それぞれの通過率の結果が報告されています（武藤ら，1997）。
「サリー・アン課題」とは、他者の心の状態を推測する心理機能を指す「心の理論」が
あるかどうかをみる課題です。その報告において、Stage Ⅳの前期では、「心の理論」

の合格率が後期より有意に低いことが示唆されています。今回、先生が相談に際して出された給食の時間のエピソードは、まさに、他人の心を推察することの難しさをあらわしていると考えられました。そこで、この状態像を踏まえ、Gちゃんの発達段階をStage Ⅳの前期であると推察しました。

日常のかかわりを通しての発達支援

　Gちゃんの行動の背景として考えられるStage Ⅳ・前期の認知特徴について、先生方と共有しました。先生から、「『何でそんなこと言うのかな』と感じることが多かったけれど、その理由がわかり、Gちゃんの反応について納得した」との感想が聞かれました。そして、6歳を迎え、同年齢の友達の社会性が一層育っていく中におけるGちゃんへの発達支援の方向性として、他者の気持ちの理解やコミュニケーションの取り方に焦点を当てていくことを確認しました。

　先生方と改めて、日々のGちゃんと友達とのかかわりについて振り返りをしました。その中で、Gちゃんの声が大きく、友達から「Gちゃんうるさい」と言われ、それがきっかけでケンカになることがあるというエピソードが挙げられました。Gちゃんには、「もっと声を小さくしてね」「お友達が大きい声でイヤって言っているよ」と伝えているけれど、「○○ちゃんもうるさい」「私じゃないよ」と言い返すことが多いとのことです。

　このクラスでは、既に、壁に「声のものさし」のポスターを貼る工夫がされていました。「声のものさし」とは、ひそひそ話すような小さい声は1、発表するときのような大きい声は4などと声の大きさを数値化して示しているものです。このクラスのポスターでは、小さい声は数値とともにアリの絵、大きい声は数値とともに象の絵が描かれていました。クラスの中には、Gちゃん以外でも声が大きくなりやすい子どもたちもいるため貼っているとのことでした。そこで、改めて、このポスターを使って、クラス全体で声の大きさを調節する練習をした上で、毎回の活動の始まりに、活動中の声の大きさの確認することを提案しました。また、個別の声かけのときも、「もっと小さく」と伝えるのではなく、ポスターを活用し、「今はどの大きさでお話をする時間かな？」「Gちゃんの声、今、何さんの声かな？」と尋ね、自分で大きさに気づき、調節していく機会につなげていければとお伝えしました。声の大きさは、目に見えないだけに自分で意識しにくいものでもあります。視覚的に提示することで、意識化しやすくなり、自己調整

のヒントにもなります。

　声の調節が難しい子どもたちは、日常的に「うるさい」「静かに」と言われやすく、受ける側の子どもにとっては、自分の声の大きさを自覚しにくいだけに、自己を否定されたように感じる場合もあります。また、周囲の子どもたちに対しては、その子への否定的なイメージを与えかねません。一方、「2 の声にしよう」「ありさんの声ね」など具体的な形で言語化して伝えることは、子ども自身にとってもすべきことがわかりやすく、調節しやすいと同時に、本人への心的ダメージも少ないと思われます。

　他者の視点に立つことが難しい Stage Ⅳ の前期にいる子どもたちは、他者からの言葉に対し自己視点で捉えやすく、必要以上に自信をなくすことや、反対に他者への怒りを感じてしまう場合があります。日常の言葉かけに配慮し、クラス全体を肯定的な雰囲気にすることは、G ちゃんのみならず、他の子どもたちも含めたクラス全体の対人関係を育む環境づくりとして重要ではないかと、クラス全体に対する環境調整の意味について、先生方と改めて共有をしました。

　もう 1 つの提案は、ソーシャルスキルトレーニングの活動を取り入れることでした。具体的には療育の中で行なっている、他者とのトラブル場面を設定し「こんなときどうする」というテーマでのロールプレイ、相手の気持ちを考えるワークなど他者視点を育てるプログラム、「声のものさし」と同じように「気持ちのものさし」や「力のものさし」などのポスターを使い、視覚的に気持ちや力加減の変化を理解する活動をご紹介しました。

　保育の場の活動の中に療育的プログラムを入れ込むことは、さまざまな困難さがあることと思いました。しかし、先生方は、小学校に向けての活動として、クラス全体で行なう意味があると受け止めてくださいました。現場において先生方は、生活文脈の中での気持ちの代弁や子ども間の橋渡しを丁寧に行なっていらっしゃいますが、それとともに、特別な場面を設定し、クラスとして他者理解、自己理解、自己調整力に働きかけていくことは、他者視点をもちにくい子どもにとって、よりわかりやすい学びの機会になるとともに、クラスの子どもたちが、互いを尊重しあう関係づくりのきっかけになると考えます。

Stage Ⅲ-2・Ⅳまとめ

　概念形成の芽生えの段階である Stage Ⅲ-2 と基本的な関係の概念が形成された段階である Stage Ⅳ では、概念理解の段階に違いが見られますが、両 Stage とも「言葉とイメージの世界」に入り、それまでの段階とは、質的に違う表象空間の中での思考が広がってきます。また、自我形成の発達の過程の段階でもあり、未熟ながら自我意識が芽生えてくる中で他者への意識も育ってきます。そのような中、社会との関係性における葛藤や戸惑いもしばしば見られます。幼児期にこの段階に到達している場合、一見、わがまま、自分勝手、乱暴など性格上の問題と捉えられ、厳しい注意や叱責の対象となってしまう場合もあります。表面上は言葉を自由に話しているようにみえますが、言葉で気持ちや理由について語れるようになるには、まだ大人の手助けが必要となります。かかわる大人には、言動の背景にある認知特性を理解し、その子自身が捉えている世界に寄り添い、友達や社会との橋渡しをしていくことが求められます。幼児期の肯定的な体験は、自信となり、その後の人生を支える力になることと思います。

第5節　まとめ——日々の子ども姿を通して理解する 太田ステージ

　今回、事例を通して子どもたちとのかかわりを振り返ってみると、そのときに出会った子どものたちのさまざまな姿が鮮明に思い出されました。それとともに、その出会いのときに、太田ステージを知ることがなければ、その子どもたちの行動の背景にある発達的意味に気づくこともなく、表面に見られる行動への対応に追われていたかもしれないと、時を隔てた今、改めて実感しました。

　太田ステージは、視覚的な錯覚を利用した「だまし絵」に似ていると思います。「だまし絵」を最初に見たときには、そこに何が描かれているかわからず、意味のない図柄のように見えますが、一旦、その図柄に隠されていた中心となる絵柄に気づくと、何度見返しても、そこにある重要な絵柄に気づけるようになります。太田ステージも同様に、一見バラバラで意味がないように見える子どもの行動が、実は全てがまとまった意味をもつ発達の姿であることに気づかせてくれます。

　今回の事例は、LDT-R を実施しての事例ではなく、現場での先生方からお聞きした日常の様子、当日の観察、かかわりから、どのように子どもの状態像を捉えたらよいかを、太田ステージを踏まえて考えてきた実践をまとめました。保育や福祉の現場においては、必ずしも LDT-R を実施して、子どもの Stage 段階を知り、支援につなげていけるわけではありません。しかし、太田ステージを礎として、子どもの日々の感覚遊びの中に、こだわりの中に、落ち着かない行動の中にある発達的意味を理解することで、支援の道筋が見えてきます。

　この、日々の子どもの姿を通して理解する発達的意味への気づきが、子どもの育ちに寄り添い、支える発達支援への一歩となります。

第 **6** 章 ‖‖

心理の分野から
──重症心身障害者の行動障害への対応

第1節 重症心身障害者と ASD 特性

　Kamei ら（2013）は、重症心身障害を伴う成人の行動障害について、臨床心理士としての立場から、「太田ステージ評価」を使った臨床研究をしています。重症心身障害者が ASD と診断されることはまれであることから、この研究は、重症心身障害者に ASD の特性と「太田ステージ評価」の観点から働きかけを工夫した、独創的な視点を提供しているといえます。重症心身障害者が ASD と診断されることがまれである理由は、①外見から、肢体不自由の特徴が目立つため、②重度の知的障害と ASD の行動は類似しており区別が困難なため、などが考えられますが、亀井は、「膝這い移動ができる重症心身障害者には、しばしば行動障害が見られることは事実である」と述べています。

第2節 心理職としての取り組み

1 対象

　重症心身障害者施設に入所する 91 名のうち、最も行動障害の強かった 4 名（いずれも男性）についての報告です。亀井は、あらかじめ IQ や「太田ステージ評価」などの測定を行なった上で行動観察を行ない、介入の方針を決定して他の職員に伝えました。

2 認知発達水準の評価について

　事例の IQ はそれぞれ異なっていましたが、「太田ステージ評価」では全て Stage Ⅲ -1 でした。Stage Ⅲ -1 は、物の名称や用途は理解しているものの、関係概念を含む基

本的な概念が形成されていない段階です。物事の理解は一義的[16]で、自閉的なこだわりやパニックが拡大しやすい段階といえます。

3 ASD の特性について

　4名とも、対人関係や言語的コミュニケーションにおいて顕著な特徴がありました（一方的で奇妙な人への接近、独特の比喩的表現、不自然なイントネーション、独り言）。また、興味の範囲が限られ、特別な物や人への執着、感覚の異常、気分の変動やパニックや攻撃的行動が認められました。

　以下、それぞれの事例の様子と取り組みの概要をまとめます。

事例 ❶

20 歳時入所　IQ24

・状態像

言語：一方的で奇妙なイントネーションによる話しかけをする。

行動：膝這い移動。頭突き、噛みつきなどの他者への攻撃的行動、ガラスを割る、
　　　血が出るまでかさぶたをはがすなどの自傷がある。

・介入前の様子

　激しい自傷と他者への攻撃、物投げがあり、常に見守りが必要だった。協力的な態度を育てようとし、忍耐を教えようとしたが、特別な物や出来事に対するこだわりな行動は強まるばかりで、自傷、攻撃行動、物投げはさらに激しくなった。

・アプローチ

　満足と成功を味わえるような活動を提供した。より害の少ないこだわり行動は受け入れるようにした。あるいはより騒がしくない行動と入れ替えるようにした。刺激から離すようにし、注意を別の物に向けるようにした。これらについて亀井はマニュアルを書き、他の職員に伝えてアプローチを統一した。

16）「くつ」といわれたら自分の靴のみを思い浮かべるというように、1つの言葉に単一のイメージしか結びつかないということ。

・結果

　こだわり行動は、よりコントロールしやすくなった。他者を傷つける行為や破壊的な行動はやめさせることができた。まだ個別のケアは必要だが、他の入所者に混じって過ごせることが多くなった。

事例 ❷

38 歳時入所　IQ12

・**状態像**

言語：不快や拒否を示す発声がある。状況に依存したわずかな言葉の理解がある。

行動：膝這い移動。頭突き、耳たぶを血が出るまで引っ掻く、理由のわかりにくい
　　　泣き叫びがある。痛みに鈍感、掃除機などの操作音を嫌う。1 人でいること
　　　を好む。

・**介入前の様子**

　こだわり行動、自傷、他者への攻撃行動は見過ごすことができなかった。たとえば、コーヒーを大量に飲む、些細なこと（窓枠とスクリーンの間に虫がいるなど）でパニックになる。他の入所者の食べ物を食べてしまい、不安定なときは、椅子を投げた。職員は彼の行動を抑制しようとしたが、それは彼の強迫行為をより強めることになった。

・**アプローチ**

　1 日を通して積極的に適切な活動を提供するようにした。コーヒーへのこだわりや収集癖が許容できる範囲になるよう環境に変化を加えた。

・**結果**

　落ち着かない状態は劇的に減少した。好きな花や時計を描いたり、雑誌を見るなどして、穏やかな態度で 1 日を過ごすことができるようになった。

事例 ❸

26 歳時入所　IQ17　てんかんの既往

・状態像

言語：限られたパターン的な言葉を理解する。遅延エコラリアや代名詞の反転がある。

行動：膝這い移動。痛みに鈍感、聴覚過敏がある。予測していなかったことやネガティブな言葉に興奮して叫ぶ、自分の頬を叩く、低い声で独り言を言う。

・介入前の様子

　他の入所者の大声やネガティブな言葉に対してパニックを起こすなど、人目を引く行動が多かった。日常行動の手続きが崩れると、イライラしたり興奮しやすかった。興奮し出すと、独り言は大きくなり、頬をぴしゃりと叩く自傷行為の頻度が高くなった。職員が「〇〇しちゃだめ」という言葉を使うと、行動はさらに悪化した。

・アプローチ

　新しい物や予測していなかった活動を強く拒否するときは、特別な決まり言葉を繰り返して、良い行動パターンを作るように励ました。興奮の引き金になるような物は遠ざけた。確認行動や質問に対しては、本人が納得できる反応を皆で共有するようにした。

・結果

　毎日スケジュールをチェックしながら、静かに1日を過ごすことができるようになった。職員の話しかけに対して答えを返すことが多くなり、日々の活動を楽しめるようになった。

事例 ❹

22 歳時入所　IQ13　二分脊椎

・状態像

言語：独特なフレーズと奇妙なイントネーションを伴うパターン的な会話をする。
　　　パターン的な会話からはずれた別の会話方法に対しては、興奮し、拒否する。

行動：膝這い移動。痛みに鈍感、特別な単語に耳を塞ぐ。物を投げる、大声で話す、
　　　他者への攻撃、服を脱ぐ、興奮すると動かない、対人関係は、一方的で積極
　　　的。

・介入前の様子

　行動を改善しようとしたが、拒否や破壊的行動を強め、騒がしい行動をより誘発
しただけだった。独特なコミュニケーションパターンや、予測通りに物事が進まな
いときの激しい気分変動に対応するのは難しかった。

・アプローチ

　比較的害の少ないこだわり行動は受け入れた。職員は、彼の独特な質問パターン
や奇妙で比喩的な表現についての反応を共有し、統一するようにした。

・結果

　彼とどのようにコミュニケーションしたらうまくいくかを職員が理解し、対応を
統一するにつれて、生活がしやすくなった。構造化された生活空間で、彼の好きな
活動を楽しむために、グループワークに参加するようになった。

4 総合考察

①臨床心理士（亀井）が個々の認知発達を評価し、認知発達水準に合った課題を提供し
　た。また、発達の観点から職員に事例の行動の意味を伝えた。その結果、職員の課題
　解決能力が向上し、事例の人々に達成感を与えることができるようになった。より害
　の少ないこだわり行動は受け入れ、より騒がしくない方法に置き換えたことにより、
　行動の問題は減少し、適応行動が増えていった。

②全ての事例には話し言葉があり、数字や文字を書く、絵を描くなどのスキルがあった。

そのため、認知発達水準は、彼らの真の状態よりも高く思われていた。しかし、これらのスキルと一方的なコミュニケーションは、しばしば Stage Ⅲ-1 かそれ以上のASD で観察される状態像である。認知発達水準に合ったアプローチを採用した結果、行動障害を減弱することに成功した。

③アプローチを構造化された場で提供すること、良い行動パターンの形成、こだわり行動の受け入れと置き換え、職員間での彼らとのコミュニケーションパターンの共有と理解、そして、興奮のきっかけとなる刺激から離すことが、介入の重要なポイントであった。これらは一般的には ASD に効果があると考えられている方法である。

5　結論

①行動障害を示す Stage Ⅲ-1 の重症心身障害者の事例において、個々の認知発達水準と ASD 特性を考慮したアプローチの効果を実証した。

②重症心身障害を伴う人々の多くは、生物学的神経学的な文脈で診断・観察され、重度の知的障害と ASD の行動特性を区別することが難しいために、ASD と診断されることはまれである。しかし、認知発達水準と ASD の特性を考慮したアプローチが必要なことを事例で示すことができた。

③この研究は、行動障害のある重症心身障害者に対して、併存障害としての ASD を考慮したアプローチが重要であることを示唆している。

＊＊＊

　本章は、2013 年に早稲田大学で行なわれた国際発達障害学会（IASSIDD）における発表 "An effective approach to the challenging behavior of persons with Severe Motor and Intellectual Disability comorbid with Autism"（Kamei, M., Miyatake, K. & Sone, S.）で配布された資料を和文にし、要約したものです。重症心身障害者のみならず、外見的には肢体不自由の特徴が目立つ人々の行動に対して、認知発達の観点と ASD の併存を想定したアプローチを視野に入れることの重要性を示唆した研究です。

第 **7** 章 ||||||||||||||||||||||||||||||||||||||||||||||||||||||||||||||||||||||||||||||||||||

教育の分野から
——療育と学校教育と

第1節　就学前の療育（事例１：Stage Ⅳ）

　近年、厚生労働省の障害者施策においても文部科学省の教育施策においても、「切れ目のない支援」という言葉が使われ、学校への接続に向けた就学前の福祉が充実してきています。乳幼児健診からのフォローアップと療育、そして、就学時健診まで待たずに、4歳児健診、5歳児健診を行なう自治体が多く、特別な支援が必要な子どもが地域で早期に発見され、就学までのきめ細かいサービスが受けられるようになってきました。前述のように、「療育」はもはや専門医療機関だけのものではなく、障害の診断がなくても参加できる福祉型の通所支援から保育所や認定こども園でのインクルーシブ保育、幼稚園での特別支援教育と、かつてとは比べものにならないほどその裾野は広がっています。

　子どもの脳の可塑性は高く、専門的な支援が早期に行なわれるほど発達の可能性は広がります。また、頼りになる専門家とつながることによって保護者の情緒も安定し、より健全な子育ての基盤が整います。

　一方、こうした時代の急激な変化の中で、間に合っていないのが専門家の養成です。障害児のための通所支援である児童発達支援や放課後等デイサービス（厚生労働省，2015，2017a）においても、一般の保育所、認定こども園、幼稚園（厚生労働省，2017b；内閣府・文部科学省・厚生労働省，2017；文部科学省，2017）においても、障害のある子どもへの発達支援が明確に文書化されています。しかし、そのためにどのようなプログラムを組み、実際にどのようなアプローチを行なうかについては、対象の子どもの多様性や保護者のニーズ、経営主体の特性や規模、地域性の違いなどから「……サービスはこうあるべきということについて、特定の枠にはめるような形で具体性をもって示すこと

は技術的にも困難であり、支援の多様性自体は否定されるべきものではない」（厚生労働省，2017a）とされており、現場が不断の研修により専門性を高めていくことが期待されています。「発達支援」や「専門性」概念の幅は広く（全国児童発達支援協議会，2020）、その用語の意味するところは対象や立場によって様々ですが、直接的な支援の土台となるのは、やはり個々の行動から発達を見取る力量であるといえるでしょう。

　こうした時代的背景の中、筆者は療育相談を通じて 1 人の幼児と巡り合い、月に 1 回の心理／教育的介入を行ないました。太田ステージの理念に基づきかかわり、就学に向けて一定の成果を確認することができましたので、その報告を通して直接的な発達支援のポイントについて考えてみます。

1　事例1の概要

　A くん（男）。認定こども園の年中組に在籍中の 4 歳 11 ヵ月、保護者からの電話相談からかかわりが始まった。当初は、就学先に関する相談だった。診断名は ADHD。

　4 歳時点での診断は早すぎるのではないかと思ったが、実際にお会いして納得できた事例であった。4 歳 8 ヵ月から肢体不自由児者が対象のリハビリテーション施設で療育を受けていた。療育は作業療法士が担当し、2 週間に 1 回約 40 分程度、運動・動作を通して行なわれた。てんかん発作や服薬は特になかった。

　相談開始は 4 歳 11 ヵ月、電話相談から始まり、5 歳 1 ヵ月時より 1 ヵ月に 1 度、ご家庭で個別学習を行なうことになった。シンボル表象機能の水準（太田 Stage）や視覚情報処理、社会的行動との関連に着目しながら、教材教具を使った個別学習を進めた。全てのセッションに母親もしくはご両親が参加し、様子を見守られていた。

2　インテイク時

(1)　4 歳 8 ヵ月時のリハビリテーション実施計画書から

　目と体の協調運動の苦手さ、体への意識の薄さがあり、飛び石では何度も落ちたり走り抜けたりする。「よーい、スタート」の声に対して少し待てる。

　トングやスナップボタンなど指先の操作に対して離席して回避する。チャックはできるが小さいボタンは留められない。感情のコントロールが苦手で、嬉しくなると家族にべたべたする。「失敗した」と思うと激しく体当たりする。

〈保護者より〉

　動きがぐにゃぐにゃしている。ドライヤーや掃除機の音を怖がる。ひらがな、カタカナは好きで、読める。4歳後半から急に言葉が増えてきた。好きな友達の真似をして我慢をする様子も見えるようになった。通っているこども園では工作が好きで、「手伝って」ということができる。

〈作業療法士の観点〉

・協調運動の向上、行動コントロールの向上、認知機能の向上、手先の操作の向上、
　対人機能の向上、感覚過敏への対応。

(2)　相談歴（保護者よりの聞き取り）

　1歳頃は、自分から壁にドーンドーンとぶつかっていた。動きに不安を覚え、2歳頃、児童発達支援事業所に相談に行った。4歳児健診でフォローアップの必要性を指摘された。おむつがとれたのは4歳半。認定こども園の発表会でも、動きがぐにゃぐにゃし、姿勢保持が難しいことが気になった。

(3)　ご家族の願い

・道に飛び出さないようになってほしい。
・コミュニケーションができたらよい（言葉はあるが、双方向になりにくい）。

3 働きかけの経過

第1回　行動観察（5歳1ヵ月：ご両親が参加）

・初回は全く目が合わず、こちらの存在は意識しているようだったが、動きが止まらず、
　注意が次々に移っていった。数種類の教材を用意し、言語教示は行なわないで、どの
　ようなかかわり方をするか観察した。散らかり放題になるのを避けるため、「箱にしま
　ってから次にしようね」ということのみをルールとした。

(1)　言葉・数

　独り言が多く、注目した物に対して名称や過去に聞いた言葉をつぶやいていた。ほとんど一方通行だが、双方向のやりとりが成立することもある。

　1から順に数字を並べることができる。順に高くなる数字付き棒さし（**写真2**）では、6と9の位置を間違える。アクリル筒の数の教材（**写真3**）の自由枠では、数字とは無関係に筒一杯に玉を入れようとした（順序は意識しているが、量や高さへの気づきはみられない）。

写真2　順に高くなる棒さし

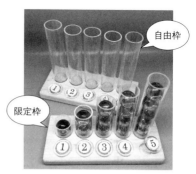

写真3　アクリル筒の数の教材

(2)　聴知覚

　音の出るオモチャを怖がって放り出す。

(3)　視知覚

　幾何学図形（○△□）よりも動物や食べ物の模型を好み、「これはパンダ」など名称を中心につぶやきながら対を作ったり並べたりして遊ぶ。

　積み木のパッケージの文字を「＊＊＊＊ツミキ」と読む。箱の写真と見比べながら積み木を組み立てる（見本が成立する）。「色を合わせる」「積む」活動を中心に家を作る。積み木を組み合わせながら、過去の経験を思い出して独り言をつぶやく（オマツリニイッタノ。ダシ（山車）ガユラユラユレタ）。

(4)　視覚−運動「交叉のある線を描く」

　交叉のある線課題（**図6下**）では交叉は描けず、最初の2つをΩのように描き、あとは一気に横線を引く。その後動揺し、一瞬で、部屋の白い壁に黒いサインペンで殴り描きをする。保護者より「失敗に弱い」とコメントあり。

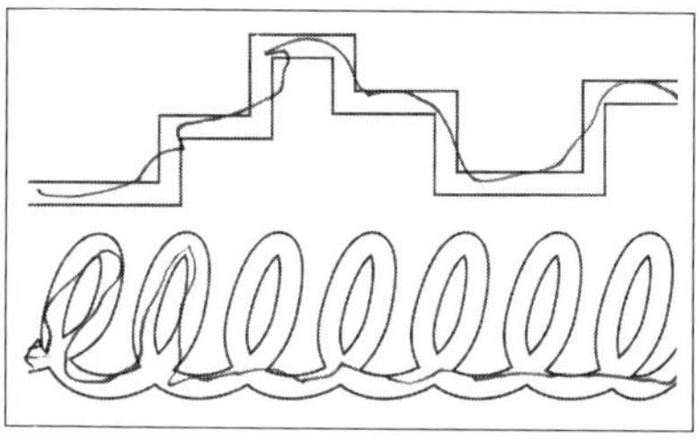

図6　交叉のある課題

(5)　視覚−運動「鳥の絵課題」

　シートとペンを見せただけで顔をそむけ離席する。

(6)　対人志向性

　目は合いにくいが、人は気にしている。別れ際に握手をしようとすると、肘をつき出

し、「ソーシャルディスタンス」の方法を提案する。

(7)　ご両親による発達評価[17]

- ・スプーンの柄の中間を握ってこぼしながら食べる（1歳6ヵ月相当）。
- ・道具に興味をもち、家庭内の出来事を真似て遊ぶ（2歳相当）。
- ・ブロックや積み木で動物・乗り物など具体物を作り意味づけをする（3歳相当）。
- ・線と区別して円を描く（2歳相当）　＊閉じた円ではない。
- ・足を交互に出して階段を上る（3歳相当）

(8)　太田ステージ評価

　LDT-R1（名称の指示）、R2（用途の指示）に各々4問以上指さしで応じる。LDT-R3（3つの丸の比較）はやや躊躇するが、比較の軸の移動を理解し、4問とも正解。

　LDT-R4（空間関係）は、はさみに強い反応を示し、興奮して周囲の物を切ろうとするので、不成立⇒Stage Ⅲ-2（暫定）。

(9)　Vineland 適応行動尺度（後日）

　適応行動総合標準得点は63。コミュニケーションと日常生活スキルの標準得点は境界線レベル。社会性と運動スキルは-3SD（標準偏差）に近い。

第1回で保護者にお伝えしたこと

　行動の中に散見される発達の芽を拾い集めてお話しした。

・他者への関心は十分です。「太田ステージ評価」によれば、言語で行動調整することができ、小集団の中で学べる素地があります（Stage Ⅲ-2、概念の芽生え段階）。モデルになる友達のそばにいることがよい効果をもたらします。

・大人が気にしない音や、人の動き、ちょっとした失敗で不安定になります。通常学級の集団に入ったときにどうなるかは後1年の経過をみないとわかりませんが、小さな集団の方が、トラブルが緩和される可能性は高いです。

・人や環境、出来事に対する混乱は、全体的な発達の中で緩和されていきます。その部分だけを気にしないようにしましょう。

・独り言や一人遊びが多く、行動もまとまりなくみえますが、自然な発語を促すことに

---

17)　巻末資料　「太田 Stage と手の発達・教材教具の系統化表」使用

よって言葉の力と行動調整力が育ちます。発語に対して共感し、肯定的な意味づけを返すことで、より豊かな表現を引き出すことができます。

・最も育ちがゆっくりな面が微細運動です。しかし、工作に興味をもつなど、自分からスキルを高める選択をしています。手を使うときには視線が自然に手元にいき、そのときは対象をよく見ています。描く活動には苦手意識が強いですが、プリントの教材に興味がないわけではなく、「○○はどれ？」などの質問に応じて指さしができます。手に意識を向けるために、比較的重めの物を運ぶお手伝いをお勧めします。

　子どもは動きを通じて環境とやりとりしながら、必ず成長に向かっていること、どんな行為にも意味があること、また、大人は気づきにくいが次のステップに向かおうとする兆しが確かに見えることをご両親に伝え、ご家庭でできる支援を提案した。

ご家庭でできる支援

　①手指に力を入れる活動を促し、手に意識を向けるようにしましょう。

　②重いものを持たせることにより、自分の行動を意識できるようにしましょう。

　③「これをそこに持っていってね」など、目的や終点のある行動を促しましょう。

Q（父）：車を停めたときにすぐにシートベルトをはずして飛び出そうとします。急いで反対側に回ってドアを開けなければならないので、どうしたらよいでしょうか。

A：車を停める前に、「キャベツ」「お米」など少し重めのものを渡して、「これをおうちに無事に届けてね」とお願いしたらいかがでしょう。

Q（父）：スーパーに行くときも突進するので危ないのですが。

A：「今日はこれを買いにいくよ」とカレールーのパッケージや野菜の模型を渡すなどして、目的を持たせてください。写真カードなどヒラヒラする軽いものだと忘れてしまうので、若干手ごたえがあるものがいいですよ。

第2回　個別学習（5歳2ヵ月：ご両親が参加）

(1)　ロジックシティ

　第1回の訪問時、積む、同じ物を揃える、並べる、集める活動を盛んにやっていたので、そこを働きかけの出発点とする。「ロジックシティ」[18]は見本を見ながら街並みを構

成する課題である（**写真 4**）。積むことから始め、色
も形も見本と同じにできた。次に、組み立てたビル
を、見本を見ながら横方向に並べたが、奥行につい
ての気づきはなかった。

見本

写真 4　ロジックシティ

（2）　順に高くなる数字付き棒さし（写真 2）

　棒を全てはずして皿に置いておくと、自分で選ん
で 1 から順に入れる。6 と 9 を入れ違える。

（3）　アクリル筒の数の教材（写真 3）

　丸い数字マグネットを 1、2、3、4、まで順に入れる。4 と 5 の順は少し自信がない。
数字で玉の数を調節することはなく、玉は筒に入るだけ入れる。

第 3 回　個別学習（5 歳 3 ヵ月：母のみ参加）

（1）　太さの異なる棒さし

　視線を安定させる意図で、最初に「棒さし」を行う（**写真
5**）。保護者にはあらかじめ、「課題が簡単過ぎると思わない
でくださいね」と伝えておく。棒の太さを見分けるが、細く
なるほど迷いが生じる。

写真 5　太さの異なる棒さし

（2）　笑顔の溝なぞり

　枝を重ねて溝をなぞると下のシートに笑顔が現れる（**写真 6**）。自分からはペンを持た
ないので、手を添えると応じ、上の板を取り去ると大喜びする。

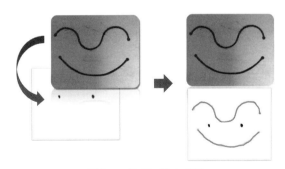

写真 6　笑顔の溝なぞり

18）スクラボ　特別支援教育教材カタログ　三和製作所（catalog303.com）

（3）　iPad の教材（タップ花火／電車が走る）

指でタップすると花火が上がるアプリで誘い、描いた線の上を
電車が走るアプリで指描きに導く。ぐるぐる描きをして大喜びす
る。アプリからは終始リズミカルな音楽が流れていたが、活動中
の音は全く気にしていなかった。

写真7　指で円を描き
　　　　人になる

（4）　iPad の教材（ひらがなの書き方練習）

アプリのねらいに沿った文字のなぞりには応じないが、指で小
さな丸を描き、手足が出て、人になる（**写真7**）。そばにいる大人
が大喜びし、本児も得意そうにする。

第4回　個別学習（5歳4ヵ月：ご両親が参加）

（1）　切片パズル

「切片パズル」（**図7**）は各切片が同じ形であるため、絵
を認知しないと正しく構成できない。触覚が優先している
段階では、切片が上下逆さまでも左右逆でも気づかず、絵
の切断面が枠にぴったり合うと、「できた！」と差し出す
ことが多い。しかし、本児は6分割の切片を正しく構成で
きた。

図7　切片パズル

（2）　笑顔の溝なぞり

第3回では手を添えながら行った教材である。スーツケースの中から自分で見つけ、
「これやりたい」という。サインペンを持たせて介助するが、ペンが溝に引っ掛かった
途端に不安定になり、板に殴り描きをして逃げ出す。

（3）　iPad 教材（ひらがなの書き方練習）

自発的にスタイラスペンを持つ。中指が上にある3点持ち（**写真10-1**）。「よくできま
した！」のスタンプが出てくると「よくできました」と読み、頭に見立てて手足を描く。

第4回訪問以降　保護者より

・タブレットで、自分から（指で）ひらがなのなぞり書きをしました。「はらい」は難
　しいが、「止める」動作が上達しました。

・時計に興味を示し、正時を理解し始めました。

・入浴中、曇った鏡に指で絵を描きました。自分から行なったのでびっくりしました。

・こども園で皆の輪に入ってゲーム（フルーツバスケット）ができました。保育園の先生が送ってくれた写真にじーんとしました。

・カレンダーを見て、「16 日だよね」と先生の訪問を楽しみにしています。

第 5 回　個別学習（5 歳 5 ヵ月：母のみ参加）

　玄関のチャイムを鳴らした途端、「＊＊＊＊さーん！」と黄色い声。ビデオカメラを渡すと受け取るが、すぐに忘れて視線は別の物を探している。「○くん」と呼びかけ、「これおうちに持っていってね」というと、思い出して家の中に運ぶ。

（1）　積み木

　今回は積むことよりも、平面で構成することに関心をもって活動している。テーブルの半分ほどの空間に広がった作品を見て、「ながーい」と感想を漏らす。

（2）数字や文字の課題

　絵カードや数字板など、言葉や数に関連する課題を見せると明らかに目をそむけ、避けようとする。数字板は裏返して数字を見えなくする。それらを組み合わせてロボットの形を作り、「ロボットできた」と言う（写真8）。

写真 8　「ロボットできた」
と言う

（3）　名称によるカード探し

　母親にしがみつきながら、2 枚ずつ同じカードをみつける。見つけると筆者に「はいっ」と投げるので、お皿を出して「ここにおいてね」といい、空間の中で行為の終点を特定するように促す。

（4）　ロジックシティ

　色や順番を合わせるだけでなく、奥行きを意識して置くようになった。見本通り再現できて、大人たちが歓声を上げた途端、教材をかき回し、別室に逃げる。

（5）　太田ステージ評価（2 回目：LDT-R4 のみ）

　はさみをスプーンに替えて実施。「スプーンを積み木のそばに」ではスプーンを「はいっ！」と積み木に投げつけ、「積み木をスプーンのそばに」では積み木を「はいっ！」

とスプーンに投げつける。「ボタンを箱の上に」の逆操作である「箱をボタンの上に」
も自然にできるので、逆操作を理解していると考え、Stage Ⅳと判断する。

(6) 鳥の絵課題（2回目）

描く課題には応じないと思い帰ろうとしたとき、スーツ
ケースに入っていた「鳥の絵課題（TOB）」を見つけ、自
ら「これやるの?」と言う。

「じゃ、一緒に」と言い、1番目と2番目を介助して行
ない、3番目からは「ひとりでね」と伝える。「できない」
と言いながらもペンに手を出す。線が揺れているが始点 –

図8 事例1のTOBの結果

足 – 終点と結べており、足や終点を注視しながら下段を慎重に描く。5番目、6番目と
慎重さが増し、鳥の腹が丸みを帯びてくる（図8）。

(7) 言語の広がり

柏餅や桜餅の模型を見て「これは何月?」、積み木を指さし「何個?」、マスクをしな
がら「何枚?」、積み重ねた家の模型に対し「何階?」など、対象に合わせて数詞の変
化を楽しむ様子が見られた。第1回では「これは○」など名称のつぶやきが多かったこ
とに対し、生活経験を反映する言葉が増えて表象空間の広がりが格段に感じられた。

学習意欲に関する所見

・前回拒否した課題を覚えていて、できそうだと思うと自ら挑戦した。
・描く課題、数字や文字の課題は拒否するか別の課題に注意を向けようとするが、でき
　る見通しがもてると、大人の手を借りながらでも自分から取り組もうとした。
・大人の期待や評価、目標をさらに高めようとする意図を嫌い、大人が期待感を向ける
　と、教材をかき回して他の部屋に逃げた。
・挑戦課題に「できない」と言いながらも応じて、できると「できたー」と喜んだ。

第5回訪問以降　保護者より

・荷物を渡し、家に運び入れるというお手伝いを続けています。徐々に自分の仕事であ
　るという自覚ができてきています。
・「『そーっと』という言葉を動作とともに教えてください」という助言に基づき家で実

践しました。興奮状態でないときはできるようになってきました。

・未来についての発言が増え、「4月になったら○（自分）はぶどう組（年長）だよね」「10月になったら6歳になるんだよ」など話すようになりました。

・「3月5日に保育園に○○さんが来たんだよ！」と過去の経験を正確な日を交えて語りました。

・自ら絵を描く場面が増えました。クレヨンや色鉛筆を使うようになりました。自分自身の絵やアニメのキャラクターを描いています。

・定期的に家族ぐるみで遊ぶお友達がいて、一緒に公園に行く予定があると、事前にコンビニに寄ったときに「○○くんの分のお菓子買ってもいい？」と言うようになりました。

第6回　個別学習（5歳6ヵ月：母のみ参加）

　玄関先で「きたー！」という声が聞かれ、ドアを開けた途端に目が合った。自然に目が合ったことはこれが初めてであった。

(1)　アクリル筒による数の教材

　第1回訪問時は、数字を順序良く置いたが量の意識はなく、筒が一杯になるまで玉を入れていた。今回は、自由枠でも、数字マグネットの①に対応して1個、②には2個、③には3個入れ、その後、数字のマグネットをはずして筒の上に乗せた（**写真9-1**）。数字の順

写真 9-1　順に玉を入れ、筒の上に数字を置いた

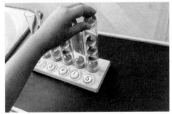

写真 9-2　ランダムに置いた数字に合った数の玉を自分で入れた

を崩して提示しても、数字に合った数の玉を入れた（**写真9-2**）。この様子から、量概念が芽生えたと判断した。なお、活動時、言語の教示は全くしていない。

(2)　描画の課題

　自発的にペンを持つようになっていた。画面に絵の一部（目玉など）を描いておくと自ら描き出した。きれいな3点持ちになっていた（**写真10-2**）。第4回時の不完全な3点持ち（**写真10-1**）と比較すると、この2ヵ月半での成長が明らかであった。

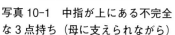

写真 10-1　中指が上にある不完全
な 3 点持ち（母に支えられながら）

写真 10-2　中指が人差し指を支
える 3 点持ち（目玉は筆者が描く）

第 7 回個別学習（5 歳 7 ヵ月：ご両親で参加）

　顔の絵の下に漢字が書いてある表情カードを見せると、真っ先に「不安」「暑い」「息抜き」のカードを選んだ。息抜きは、「ためいき」と読んでいた。他に「幸福」「自信」「満足」などポジティブなカードもあったが、「変な顔」と言ってよく見ようとしなかった。読めない漢字が書いてあるためと考えたが、後に母の説明により、通っているこども園の運動会の練習で不安定になっている本人の気持ちを選んでいたことがわかった。

　この後、課題を拒否し、TV にこだわり出し、保護者がリモコンを取り上げると、「リモコン、リモコン」と不安定になり、奇声が始まったので学習は中止した。

第 7 回訪問以降　保護者より

・今日、1 冊分使い終わった自由帳が園から戻ってきて、たくさんの絵とともに「ハロー」と書かれていました。驚いて、「もう 1 回書いてみて」と頼むと、私の目の前で「ハロー」といいながら 1 人で書きました。やりましたー！！嬉しいです。
・運動会で皆とリレーに参加し、バトンの受け渡しもスムーズにできました。走り終えたあともフラフラしないで、所定の位置で仲間を応援していました。

第 8 回個別学習（5 歳 8 ヵ月：ご両親で参加）

・課題を間違えた時「あっ　ざんねーん！」というと喜び、わざと間違えては、「ざんねーんって言って！」と要求していた（失敗しても言葉でおさめ、笑い合えることを理解したと思われる）。

4 考察

　本事例は、「危険を顧みず道に飛び出す」ということが当初の保護者の主訴であった。行動のコントロールが難しく、目も合わなかったが、新規の訪問者（筆者）に関する関心は十分にあった。また、太田 Stage では概念の芽生え（Stage Ⅲ-2）に達していたことから、社会的な環境の中で自ら学ぶ素地があると判断した。

　最初は、こちらからの指示に応じる様子がなかった。特に描く活動を嫌い、4 歳時点で文字を読むスキルがあったにもかかわらず、保護者が通常学級への就学は難しいと考えていた根拠の 1 つであった。拒否感と失敗感が強かったため、ペンで描く課題は無理に勧めず、棒さしや積み木を使って手元を見る課題を十分に行なった後に「指で描く」課題に導いた。

　「できるようにさせる」ことに優先順位を置かず、「子どもが何をしようとするか」に焦点を当てて、成功する課題を基準に課題を組み立てた。言語指示はできるだけ行なわず、教材の提示によって活動に誘うようにした。家庭では、重みのあるものを目的地まで運ぶなど、日常的にさりげなく手を使う活動に導いていただいた。これらの方針は、「**適切な学習を通じて望ましくない行動を減弱する**（☞ p41）」ことを念頭に設定したものである。実践を通して以下の点を確認した。

・本人ができると確信する課題から始めると、自然なステップアップが観察できた。
　（立体の教材で十分に活動した後であれば、平面に指で描く課題にも自ら取り組んだ）。
・視空間の拡大（縦→横→奥行き）とともに言語機能や時間概念の広がりが認められた。
・認知空間や言語機能の広がりとともに、他者への気遣いや言葉で感情をコントロールするなど社会性の高まりが観察された。

＊＊＊

　本事例については、保護者が常に学習活動に参加していたため、Stage や他の発達評価についてもその場でお知らせしました。障害特性ではなく、人としての成長過程から 1 つ 1 つの行為の発達的意味や日常行動との関係について一緒に考えることができたのは幸いでした。微細な変化を共に確認すること

により、保護者は我が子の成長を実感し、心配よりも楽しみの方が大きくなっていったのではないかと思われます。そのことがお子さんの成長にとってプラスに働いたことはいうまでもありません。

＊本事例の掲載については、保護者の了解を得ています。

第2節　小学校の巡回相談から

　小学校の巡回相談の場などで、「特別な教育的ニーズのある子ども」に対して、先生方から次のような訴えを聞くことがあります。
　①言葉が通じない
　②絵や写真を見せても目をそらす
　③見本を示しても模倣をしない
　④わざと拒否する、叱られることをする
　⑤気が散る、学習内容に興味を示さない、勝手なことをする
　⑥材料や道具にすぐに手を出してしまう、待っていられない
　⑦新しい場所や場面の切り替えで不穏になり、人を攻撃することがある
　⑧活動を嫌がって、座り込む、泣く、飛び出す
　⑨何度言い聞かせても、やめてほしい行動をやめない

　これらは「社会的な場」である学校の活動を担う先生方の、率直な悩みの表現と思われます。一方、太田ステージの視点で見ると、全く別の側面が見えてきます。見方の違いによってアプローチもずいぶん違いますので、それぞれの項目について、具体的に考えていきたいと思います。

①言葉が通じない、②絵や写真を見せても目をそらす、③見本を示しても模倣をしない

　太田・永井（1992）は、初版の『自閉症治療の到達点』（p89）で、StageⅠで顕著に多かった「5つの行動特徴」について述べています[19]。

　　・言葉かけをしても知らんふりをする

---

19)「5つの行動特徴」は、『自閉症治療の到達点　第2版』pp72-73 にも記載されています。

・絵本を見せても目をそらす

・機能的なオモチャ遊びをしない

・物まねによる表示をしない

・基本的な要求手段としてクレーン現象（大人の顔を見ないで手を引く）のみ

　これらの行動特徴は、「Stage Ⅱになると目立たなくなっていた」（太田ら，1992）つまり、無シンボル期の行動特徴であって、子どもたちは言葉がわからず、働きかけの意味もわからないために応じないのだと思われます。一方、この子どもたちには、触覚を中心とした「触ってわかる」アプローチが有効です（☞p16、表3）。平面の絵や写真ではなく、何か体感的なフィードバックのある活動に重点を置く必要があります。

　粗大運動であれば、サーキットの最後に飛び降りる、ボールを穴に落とすなど、身体感覚に訴えるフィードバックを用意することで、「やった」「できた」という感覚を呼び起こすことができます。マジックテープでくっついたものを「はがす」など手ごたえのある活動も有効です。そもそも日常生活ではそのようないたずらが多く観察されるのですが、「いたずら」として見てしまうと、学習に生かすことができません。通常学級の中で他の子どもと著しく違っていたとしても、「太田ステージ評価」で各Stageの状態像を知り、同僚や保護者と共有することによって、子どもを見る大人のまなざしが変わります。他の子どもと比較して否定的に見たり、とるに足らない行動として気にも留めなかったことが、その子なりに精一杯学んでいる姿に見え、驚いたり感動したりできるようになるのです。子どもはそれを敏感に察知して、「やった」と思ったその一瞬に大人を振り返るようになるでしょう。

④わざと拒否する、叱られることをする

　StageⅠ-3からⅡ（無シンボル期から表象的思考期への移行期）にかけて生じやすい、人を試す行動です。自分自身の身体感覚に注意が向きがちなStageⅠの段階に比べると、明らかに子どもの心に他者が入り込むという質的変化が起きています。「人を気にする」「人の反応を期待した行動がある」のは、発達的にみれば進歩といえます。

　この段階では、人からの強い刺激はその行動と直接的に結びついてしまい、行動の消去ではなく強化として作用しがちです。したがって、大人は望ましくない行動に対して

強い反応を返さないようにする必要があります。注目を集め、褒められ、達成感のある別の活動に「気をそらし」「置き換える」ようにします。

　物を放り投げる子どもに対しては、バケツや缶、穴のあいた箱などを用意してそこをゴールとし、音のフィードバックを楽しみながら「行為の終点」に気づかせ、いずれは、「ごみ捨て」などの生活スキルにつなげるようにします。また、水遊びに終始する子どもであれば、植物への水やりや、年長の場合は流し磨きや窓ガラスの清掃に誘うこともあります。いずれも大人が心から称賛し感謝することにより、喜々として応じるようになるでしょう。

⑤気が散る、学習内容に興味を示さない、勝手なことをする

　これも、おそらく学習内容が子どもの認知発達に合っていないのでしょう。「勝手なこと」というのは集団の秩序から見ればそうなのですが、そもそもその集団で求められている行動がわかっていない場合があります。また、本人にとっては興味が惹かれる別の何かがあるのかもしれません。Stage Ⅰであれば触覚的なフィードバックでしょうし、Stage ⅡからⅢ-1であれば、物の形や置き場所のぴったり感など視覚的に特徴のある何かです。子どもが学ぼうとしないのは、ただ、教師の意図と子どもの興味がずれているだけである可能性があります。したがって、学習課題のどこが子どもの興味とずれていたのかを考えます。

　特別支援学校中学部のStage Ⅳの生徒でしたが、授業中にいつも窓の方を見ているので「窓が好き？」と聞くと「はい」と答え、「窓のどこが好き？」と聞くと窓を見たまま無言でわずかに首を動かし、その視線をたどると、隙間から漏れる光の筋が首の動きによって短くなったり長くなったりするのが面白くて見ていたのだと判明したことがあります。「こだわり」と言ってしまえばそれまでですが、子どもにとっては心惹かれる学びの種だったのでしょう。

　また、特別支援学校の高等部でしたが、授業の途中から教室を出て行ってしまう生徒がいるという相談があり、見に行ってみました。授業は数学で、生徒たちは先生がホワイトボードに書いている式を熱心にノートに写しています。当の生徒も、この時点では全く問題なく授業に参加していました。しかし、式を写し終わり、先生が文章題でその式の意味を説明し始めた途端、その生徒はそわそわし、教室を出ていこうとしました。

「こんなときはどんな声かけをしたらいいですか？」とその先生。Stage を尋ねてみると、その生徒は Stage Ⅲ-1、他の生徒は Stage Ⅲ-2 かⅣでした。その生徒は計算の能力が他の生徒と同じかそれ以上だったのです。しかし、Stage Ⅲ-1 では、言葉でイメージを浮かべて頭の中で操作する力は限られています。決められた手続きで計算はできても、式から具体的な物や場面を想像し、式に基づいてそのイメージを頭の中で操作することは難しかったのです。教師が言葉で説明を始めるとその生徒は苦しくなって、教室を離れるしかなかったのだと思われます。こうした苦しさに対して、「言葉かけ」はさらなる苦痛を生み出してしまいます。言葉の理解が不十分な生徒には「言葉かけ」ではなく、模型を操作し式と照らし合わせるなど実際の操作によって学べるように教材を工夫します。

「太田ステージ評価」を通して考えると、概念の形成過程では言葉が単にコミュニケーション手段の 1 つでしかないということが実感できます。Stage Ⅲ-1 は言葉よりも視覚が優先する段階で、ASD が最も ASD らしい段階といわれています。言葉の教示でうまくいかなかったら視覚に訴える手段に切り替えると、思わぬ変化が見られ、決めかねていた教育の方針に光が差すこともあります。一方、Stage Ⅰ では視覚支援は必ずしも有効ではありません。道具や材料など具体物で伝えた方がよく伝わります。

⑥材料や道具にすぐに手を出してしまう、待っていられない

目に入ったものに即座に反応している状態です。「今は話を聞く時間！」などの行動調整の言葉が頭の中で機能しにくい、Stage Ⅲ-1 までは一般的に見られる行動です。この段階では、「目の前に物を置く」ということ自体が「やってください」という指示と同じ意味になっています。つまり、Stage Ⅲ-1 の子どもにとっては、目の前に材料や道具を提示しながらやってはいけないという対応は、go と stop の指示が同時に出されているようなものです。そのため、叱られれば叱られるほど混乱してしまうでしょう。

Stage Ⅲ-1 の人は「通常」待てません。目の前の物事を中心に思考が展開し、過去や未来に気持ちを向ける力が弱いのです。そのため、待つことにより期待される効果を想像することが難しく、目に見えるゴールに向かってすぐに行動してしまいます。会話はオウム返しか二語文程度が多く、「キノウ」「アシタ」など過去や未来に関する言葉は出てきません。

　こうした認知特性を踏まえて、製作活動や作業学習の導入場面では、見てほしい物だけ子どもの目の前に置くようにします。たとえば、1 つ 1 つ机の下から出すようにして、道具や材料、動作で手順を示していきます。子どもが使う物は別のところに用意しておき、説明後はすぐに活動が始められるようにしておきます。教師の頭の中にある手順のイメージは行動に置き換えないと伝わらないので、導入は 10 分くらいで十分です。

⑦新しい場所や場面の切り替えで不穏になり、人を攻撃することがある
⑧活動を嫌がって、座り込む、泣く、飛び出す

　これも Stage ⅡやⅢ-1 で起こりがちな行動です。誰にとっても新しい場所や場面は不安なものですが、大人は通常事前に情報を集め、それらの情報（言語）で不安を解消します。たとえば、「明日は〇時までに〇町の〇〇センターにいく。〇線に乗って〇駅で降りて、駅から〇分くらいだな」など。Stage Ⅲ-1 では、言葉を操作して考える機能が不十分なため、一旦思い描いたイメージを途中で変えるのは大変なことです。期待していたことが崩れると激しい情緒不安を生じ、座り込んだり、泣き叫んだりします。一方、Stage Ⅳ以上でこのような状態になる場合は、落ち着いた環境で活動や場所の変更を伝えて言葉で反復させ、文字に書いておくと効果的なことが多いです。

　人への攻撃は、他者と自分との区別が明確になっているからこそ起こる行動です。Stage ⅡからⅢ-1 にかけては、人を意識した行動が格段に増え、視線が人に向かうことが多くなり、そして、怒りも人に向かいます。予告をしないで頻繁に予定を変更していると怒りが蓄積され、ちょっとしたことで攻撃が起きてしまうこともある反面、普段からイラストや写真を使いながらなんとかして伝えようとしていれば、その内容はわからなくても「何かあるな」と察してくれるようになります。

　新しい活動に対して警戒心をもっているときは、無理やり引き込まないで、観察する時間をとるようにします。目から入る情報の方が理解しやすい Stage Ⅲ-1 では、事前の説明よりはその場で見る方がわかやすく、そのための時間が必要だからです。

　中学部の A くんは、視覚から物事を理解する典型的な Stage Ⅲ-1 の段階でした。Stage Ⅲ-1 になると、定型発達では二語文程度の表出があるのですが、A くんには言葉の表出がありませんでした。しかし、発声や視線、指さしなどで訴えてくるので、親しい人には気持ちが伝わりました。きまりには忠実で、ご家庭でも朝のルーチンを確実

に行ない、整理整頓もきちんとするので、保護者は「とても助かる」とおっしゃっていました。教室でも、動かした物は元の位置に戻すなど、基本的な生活ルールに忠実でした。中学部になって電車を利用した通学を始め、買い物にも興味をもつようになり、今後の成長が期待されていました。

　作業学習では、畑で栽培をすることになりました。最初は草を抜くだけの作業だったので、それほど抵抗のある活動とは思いませんでした。しかし、Aくんは頑として参加せず、無理に引き込もうとすると、大きな声を出して拒絶しました。土いじりは、きれい好きなAくんにとっては、あまり好ましくない活動だったのかもしれません。

　しかし、畑作業の場に来ないわけではなかったので、少し考えて、「そこにいるだけでいい」という目標にし、チームの教師にも伝えました。教師たちは「さりげなく無視をすること」に協力してくれました。

　皆が作業する中で、Aくんは少し離れた場所で、皆のすることをじっと見ていました。すると、3回目の授業では、何も言わないのに仲間に入ってきました。用意されていた熊手を器用に扱い、一輪車など日常生活にはない用具には特に関心をもって、得意そうに押す姿が見られるようになりました。

⑨何度言い聞かせても、やめてほしい行動をやめない

　「それはいけない」と言われても、望ましい行動のイメージが浮かばないのかもしれません。また、「恥ずかしいでしょ」と言われても、「恥ずかしい」という概念自体がよくわからなかったりします。この解決法は比較的簡単です。言葉で言い聞かせてやめないのですから、言葉でない手段を探せばよいのです。「こうしようか」と、「目の前で」「物を使って」「具体的行動で」示すと伝わる可能性は高いと思われます。

　Stage Ⅲ-2（概念の芽生え段階）から Stage Ⅳ（基本的な関係の概念が形成された段階）にかけて、周囲との関係で物事を判断するようになります。そのため、生活上のトラブルは緩和されてきますが、文脈によって行動の価値が変わる場合には、それに合わせた行動をとることは難しいでしょう。教育活動の中では、大人の指示をあおいで行動しなければならない場面と、「（大人を頼らないで）1人で頑張ってごらん」と言われる場面があります。前者は「自分の判断で行動してはいけない」、後者は、「自分の判断で行動してほしい」と大人は切り替えるのですが、場面に応じて変わる大人の思惑が「叱る」

手段で伝わるかといえば、Stage Ⅳでも難しいかもしれません。

　悩んでいる現場の先生方からは、叱ったらいいのか障害だからと受け入れたらいいのか、極端に言えば厳しくした方がいいのか甘くした方がいいのか、といった二者択一の答えが求められることがあります。しかし、Stage を共通言語とすることにより、対応は一律ではなく、また、その基準が大人の側にあるわけでもなく、子どものわかり方（認知）に基づくこと、指示伝達の手段も言葉に限らず、物の手渡しであったり身振りであったり絵であったりと、多様な方法を使い分ける必要があることが理解し合えるようになります。

■第3節■　特別支援学校中学部（事例2：Stage Ⅲ-1）

　筆者は、特別支援学校の中学部に長くいたおかげで、幼児とは異なる年長の子どもの特徴を多く体験することができました。その中で、

> 　年齢が高くなると、いわゆる「読み書き計算」のスキルが積み上がるため、Stage に該当する発達年齢が受け入れられない（☞p50）。

に関連した事例について、ご紹介したいと思います。

1　事例2の概要

　特別支援学校の中学部3年生、身長は175cm を越す立派な体格でした。幼児期から専門的な療育を受けてきた ASD を伴う男の生徒です。1人で歩いて通学し、着替えも基本的な物の管理も自立していました。日常の指示には従順で、他のクラスメイトの動きに合わせて行動することができました。

　この生徒の Stage はⅢ-1で、視覚的理解に優れているのはすぐにわかりました。文字や数の学習では、文字の見本を見てそのまま写し書きをすることができ、プリントでは繰り上がりの計算ができました。しかし、「座ってください」と「座らないでください」の区別がつかないなどから、言葉の理解は十分ではなく、環境全体から情報を得て学校生活に適応していることが判断できました。

　人への態度は過度に受動的で、着席などごく簡単な動作でも個別の指示がないと動作に移せないことがありました。部活で運動したあと教室にいるのを確認し、「着替えて帰ってね」と指示して暗くなって戻ってみると、2時間近くたっているのにまだそこにいたという事件がありました。一番の問題は、活動の変わり目で不安定になり、突然人を突き飛ばしたり、つねったりしてしまうことでした。

2 認知発達に基づいた働きかけ

　筆者はこの生徒の国語・数学の授業を担当していたので、その授業の中でこの生徒の発達の不均衡さを知ることとなりました。

　各感覚の使い方に焦点を当てて調べることにし、まずは、繰り上がりの計算（図9）をどのようにやっているのか観察してみました。

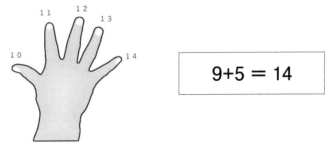

図9　繰り上がりのある計算

①最初に右側の数「5」を読んで、対応する数の指を出す。
②次に左側の数「9」を唱えて、広げた指の端から、「10、11、12、13、14」と順に数えていき、数え終わったところの数「14」をノートの式の「＝」の右横に書く。

　これが彼の行なっていた手続きであり、確かにノートに正解は書かれていくのですが、「繰り上がり」の意味がわかっているとは思えませんでした。

　次に、「量」がどれくらいわかっているのか確かめるために、お皿に黒と白の碁石をおいて、「黒い碁石を5つ（ホワイトボードに）置いてください」という課題（図10）を行ないました。

　すると、この生徒は「黒、黒……」といいながら、3個くらいを手先で触りながら、碁石ではなくこちらを必死に見て緊張しているのでした。つまり、

図 10　指示された数をホワイトボードに置く

①「黒い碁石を選択する」「5つ取り出す」という2つの指示を同時処理できない

②5という集合数をイメージできない

　このような状態だったと解釈できました。後日の行動観察の中でも、3を超える数はよくわかっていなかったことが明らかになりました。

　さらに視覚 - 運動機能を見るために「TOB」（図 11）を実施してみると、独力で描く下段の最初の部分（図 11 の左）では、終点を尾ではなく羽の方向に定め、次（図 11 の中、右）も始点と終点を結ぶだけで精一杯でした。

図 11　事例2の TOB の結果

図 12　パソコンの課題（ぼうし）
ドラッグ＆リリースして少年の頭にかぶせる

　また、パソコンの課題（図 12）では、チラチラするカーソルポインタに目が奪われ、画面全体に注意が向きにくい様子が観察されました。この課題はマウスで操作するため、マウスとカーソルの動きを関係づける必要がありますが、最初はその関係にも気づかず、マウスをカチカチ鳴らしていました。肘を軽く介助し、日をおいて数回施行すると、この原理を学習しました。

これらのことから、

③視覚が物の端や目立つところにとらわれて、提示された画面全体をまとまりとして捉えることが難しい　と判断しました。

とりわけこの③の特徴は、視覚的表象の形成に関する重大なつまずきといえました。そして、これらの特徴は、繰り上がりのある計算ができる年齢ではなく、定型発達のStage Ⅲ-1、すなわち 2 歳前半くらいに対応する認知の特徴と考えられました。

その後の指導過程では、教師（筆者）が事例の認知の状態に気づくにつれて、課題や教材もそれに合わせて単純化していきました。見た目にすっきりとして余計な飾りがなく（どこを見たらいいかわかりやすく）、操作と結果が単純に結びつく（「こうしたらこうなる」がわかる）教材を選び、援助の仕方も言葉を少なく、きっかけ程度の介助をするだけに変化していきました。パソコンの課題は、次々に現れる画像を見つけ、マウスでクリックして消すなど、自分のしたこととその結果が直結すると同時に、視覚的な探索（眼球運動）を高めるような活動にしました（図 13）。

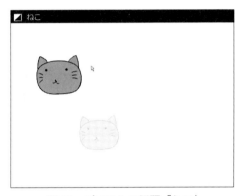

図 13　パソコンの課題「ねこ」
カーソルを絵の上に動かしクリックすると、絵が消えて別の絵が現れる。

日常の言葉かけも、「○○します」などシンプルにし、身振りや見本を添え、複数の課題を同時に含む指示を出さないように気をつけました。

さらに、触覚を十分に使っていないこともわかったため、積極的な使用を促す課題を用意しました。たとえば、袋の中に入っている物を名称の指示により外から触って取り出す、一緒に数えながら袋の中から指示された数の玉を取り出すなどの課題でした。

3　結果

これらの学習を通じて、数ヵ月後には、7cm × 10cm のカードに貼ったシールの数を一目で当てる、10 個くらいの玉の中から言われた数だけ取り出すなど、数の理解や視覚の使い方の向上が見られました。

当初この生徒の頭には、10 円玉くらいの脱毛部分が数ヵ所ありましたが、半年後に

は消失し、日常生活では人をつねったりつき飛ばしたりする行動が見られなくなりました。学習時にみられた過度の緊張は和らぎ、少しずつ笑顔も増えていきました。このように誰の目にもわかる変化があったため、ほっとしたことを覚えています。

　この生徒が若かった筆者に教えてくれたことは、認知発達に着目することの重要性でした。第 1 部を引用すれば、

> 　各 Stage の特徴を現実の行動と照らし合わせることにより、その子どもの理解力に合った、あるいは発達欲求を刺激する働きかけが可能です（☞ p22）。
> 　外見的には同じように見える行動でも、障害がある子どもの場合は、その背景にある発達段階による質的な相違に留意しなければならない（☞ p24）。

　本生徒は、学校では「読み書き計算」の能力に着目した課題設定がなされていました。しかし、与えられた課題を決められた手続きで機械的に行なおうとし、その背景に考えが及んでいない、行動の切り替えが難しい、不安になると他者に手が出る、視覚を優先的に使うが注目する範囲が狭いなど、Stage Ⅱ からⅢ-1 にかけての特徴を多く有していました。そのため、それまでに組まれていた学習内容や言葉かけは、この生徒の理解の範囲を超えるものだったのではないか、正解を出す手続きのみを学習し、自分のしていることの意味がよくわかっていなかったのではないか、などに気づくことができました。

> 　結果として子どもとの情緒的な交流が生まれ、トータルな人間的成長を支えることができます（☞ p22）

　Stage Ⅱ から Stage Ⅲ-1 にかけての特徴を多くもち合わせていることがわかったので、課題も認知発達に合わせて、具体物の操作やイメージを形成する課題（袋の中にある物を当てるなど）や視覚的探索の範囲を広げる課題に調整しました。その結果、生徒は安心して情緒的にも安定し、学習時の緊張も和らぎました。

4 考察

　この事例は一見数の課題をこなしているように見えましたが、概念操作による処理ではなく、目の前の物に対して決められた手続きにしたがって操作していただけでした。その背景には、①目や手の操作から入力される刺激をイメージとして脳裏に形成する力の弱さ、②物をまとまりとして捉えるための視覚機能の弱さと認知空間の狭さ、③量概念を形成するための触覚経験の乏しさ、などが想定できました。

　定型発達でおよそ6歳、文字学習への準備が整うまでの子どもの目の使い方には、光る物、小さくてちらちらする物、物の輪郭の尖った部分、他とのコントラストの大きい部分などに惹かれやすく、物の輪郭を目でたどり、まとまった形として認識することが難しく、また、目と手の使い方はバラバラでまとまりに欠けるなどの特徴があります（中島，1977：鹿取，1982）。こうした感覚機能の発達や統合の未熟性が本事例の環境への適応を妨げ、情緒不安の要因になっていたと考えられます。

> 　自身の内面を言語的に表現することが難しい子どもの発達は行動で判断することになりますが、同じ行動でも、その背景にある発達段階は必ずしも同じとは限りません（☞p25）。

　この事例は繰り上がりのある計算問題に応じていましたので、教師であれば次の課題はより難しいものをと考えるでしょう。しかし、「太田ステージ評価」によって「シンボル表象機能」の弱さが明らかになったとき、課題は感覚運動期の水準に逆戻りしていきました。学校だから子どもの能力を伸ばしたいのだけれど、そのためには課題はより初期の水準にさかのぼらなければならない。教師はこうしたジレンマにさらされることになります。保護者には、なぜ課題の水準を変えるのかの説明もしなければなりません。

　しかし、太田（1992）は、「発達の歪みが情緒の不安定さにつながりやすく、これを意識した援助が必要である」と述べています。「太田ステージ評価」を通じて、本事例の強み（年齢相応の体格、日常動作に支障がない協調運動、手続きを記憶する力）と弱み（概念形成や視覚認知の発達）の著しい差が明らかになりました。この生徒の場合は、「弱み」に合わせて課題設定を変えたことにより、情緒的な落ち着きを得ました。筆者がこ

れ以降、他の生徒の視覚の使い方にも着目するようになったのはいうまでもありません。

＊＊＊

　本事例は 1995 年第 36 回日本児童青年精神医学会での事例発表「プリント上の計算能力が生活に生かされない自閉症児の個別指導について―概念操作能力の水準と、注意・感覚機能の未熟性に焦点を当てて―」の当時の研究ノートから新たに書き起こしたものです。発表後のディスカッションの中では、児童精神科医から次のような質問があったことも付け加えておきます。「比較の概念が未形成の子どもに対しては、先生がなさった数概念の指導でさえもまだ難しすぎたのではないか」（立松，1996）。

　特別支援学校（当時養護学校）の事例でしたが、「読み書き計算」の能力が着目されやすい学校という場では、このような見方を周囲に説明するのは大変難しかったことを思い出します。

第4節　特別支援学校高等部（事例3：Stage Ⅰ-2）

　幼児の療育では、子どもの将来を見据えて身辺自立、挨拶などの社会的マナー、簡単な家事など実用的なスキルの獲得が重視され、個別やグループ活動の中ではその基盤となる認知発達を促す活動も盛んです。何より、幼児にとって、「わかった」「できた」という体験は、何にも代えがたい学びのエネルギーとなります。それは、障害の有無や程度に変わりなく、「考える動物」としての人間の特性です。本来は、幼児期だけでなく、人であれば一生もち続ける特性といえるでしょう。

　認知とは、感覚や知覚を通じて環境を理解する力のことであり、全ての生活や仕事のスキルの基盤にあるといえます。しかし、学校では、年齢が高くなればなるほど認知発達に働きかける学習は少なくなる傾向があるようです。将来の仕事を意識した活動が重視されるのは当然ですが、特に知的障害が対象の特別支援学校では、中学部・高等部と学年が進むほど生活単元学習や作業学習にかける時間が増え、認知の学習（自立活動）にかける時間が減っていきます。そこで懸念されるのは、そのために、個々の認知発達がどのような状態であるか、本人自身も学校の先生も知る機会が乏しくなるということです。

　以前中学部で最も学力があり、高等部では一般就労をめざす部門に入学した生徒がいました。その生徒にLDT-R5（碁石による数の保存の課題）をやってもらいました（**図14**）。

　黒と白の碁石をそれぞれ5個並べ、同じと確認してから、黒を広げて「どっちが多い？」と聞きました。すると、彼女は迷わず「白です」と答えました。

図14　ＬＤＴ−Ｒ5　数の保存
数の同じを確認した後、目の前で黒を広げて
「どっちが多い？」

　判定は Stage Ⅳの前期で、この生徒は「見た目が変わっても数は同じ」ということを理解していませんでした。また、「多い」という言葉を、密集している状態を表すものだと思っていました。

　年齢相応の言葉遣いで日常会話ができ、文章が書け、2桁以上の計算もできる生徒です。もしも LDT-R5 をしなかったら、筆者もこの生徒の考える力の弱さに気づかなかったでしょう。Stage Ⅳの前期は定型発達でいえば学齢期以前の段階です。成人期に近づいていくこの生徒は、理解を超える複雑な課題や指示があってもおそらく訴えず、周囲も見過ごしてしまうのではないかということが懸念されました。

　一方、トラブルや身体の不調を言葉で説明できない無シンボル期の子どもにおいては、むしろその障害の重さに配慮され、年齢が高くても手助けされる機会が多いのが現実です。しかし、少し視点を変えるだけで「こうすればできるんだ」ということが支援者間で共有でき、自立に向けた方針につながることもあります。本節では、Stage Ⅰ-2 の高等部の事例により、無シンボル期の可能性について述べていきたいと思います。

> LDT-R1 や R2、R3 などシートによる課題に応じられない場合は、「障害が重すぎて太田ステージ評価はこの子どもに適さない」「太田ステージ評価はそのような（障害の重い）子どもには対応していない」と考える（☞ p49）

　「太田ステージ評価」では、LDT-R1（名称による質問で絵を指さす課題）に応じられない段階は Stage Ⅰ（無シンボル期）とし、要求手段で下位分類を行ないます。当初、Stage Ⅰは Stage Ⅰ-1（発信行動がない）、Stage Ⅰ-2（要求手段がクレーン現象のみ）、Stage Ⅰ-3（指さしなど複数の要求手段がある）の 3 段階に分けていましたが、その後重症心身障害者を対象に亀井（2015）による Stage Ⅰ-1 の下位分類が加わり、現在では、Stage Ⅰは 5 段階に分けられています（☞ p35、**表 6**）。

1　事例 3 の概要

　事例は特別支援学校高等部 2 年生の男性、LDT-R1（名称の理解）には応じられず、要求手段から Stage Ⅰ-2 と判断しました。人への発信手段は「クレーン現象のみ」であり、その頻度も多くはありませんでした。ご家族は愛情深くこの生徒を見守り、視線や態度から気持ちを推し量るようにしていました。目的をもって手に力を入れることが極めて少なく、食事や排せつ、靴の履き替えなど、身辺動作のほとんどを大人が介助して行なっていました。

　この生徒の最も強い自己表現は、「怒り」でした。個別学習では緊張が強く、操作は瞬間的で、うまくできないと教材を怒りとともに押しのけるので、課題選びと教材選びはおのずと慎重にならざるを得ませんでした。

　学校では作業学習に参加し、放課後等デイサービスでも制作活動をしていました。しかし、つまむ、ひっぱるなどの操作を含め、どの作業も独力で行なうことは難しく、常に一対一の介助が必要でした。

2　認知発達に基づいた働きかけ

　認知発達から推測して、重力方向の活動を好むと判断し、ペグ差しや玉入れから学習を行ないました。学習は、放課後等デイサービスの事業所の片隅、人の出入りが少ない場所で行ない、本人が自ら手を出す教材を使い、興味を示さず、あるいは嫌がる教材はすぐに取り換えるようにしました。1 回の学習時間は 15 分ほどでした。

　「障害児基礎教育研究会」[20]では、「玉ひも」というユニークな教材を開発しています（Tatematsu, 2019, 2021）（**写真 11-1**）。木製の 10 個の玉が色とりどりに着色され、艶のあるコーティングがされています。太いロープが二重にして通されており、ロープと玉は密着し、玉を動かすときにはしっかりした手ごたえがあるのが特徴です。まずはそれを使って、玉を上から下に引き下ろす活動を行ないました。

　その様子をビデオに撮っていた職員が気づいたことがありました。それは、この生徒が追視を全くしていなかったということです。自分の手で玉を引き下ろしても、視線は

---

20) 筆者が所属する教材教具の研究会　https://kisoedu.jp

出発点に向いたままでした。筆者は、「見比べ」ができていないことを指摘しました（**写真 11**）。

　そこで放課後デイサービスの職員は、教材を本人の視線が集中するごく小さなものに変えました。それを両手で持たせると自然に手元に視線が向かい、本人に自分のしていることが伝わると考えたのです。また、「玉ひも」は動かすときの感触が活動の動機づけになっていたので、「手ごたえのある活動」が必要だと考えました。そこで、筆者は、「ミシン目を入れた紙を裂く」という作業課題を提案しました。職員は、一瞬の力で裂くことができ、色のきれいな 5cm × 5cm の紙片を用意し、また、「本人が紙を見てから」手渡すように心がけました（**写真 11-2**）。

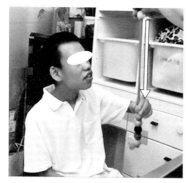 

写真 11-1　追視をしない　　　　　　　写真 11-2　小さな紙片に集中する

写真 11-1 は、Tatematsu（2018）Effects of Tangible Teaching Materials According to Evaluation of Cognitive Development　p146 より転載

　Stage Ⅰ-2 は、無シンボル期であり、目の前にないこと（時間の流れや人の気持ち）を考えることに困難があります。それでこの生徒は、放課後等デイサービスからの帰宅時、車で迎えに来た保護者に引き継ぐときに、職員と保護者が話をするのが待てずに怒り出すことがしばしばありました。職員から「どうしたら待てるようになりますか」という相談があったので、筆者は何か身体感覚に訴える儀式が必要であることを伝えました。そして、保護者の車に乗る直前に、少し重みのある車の模型を手渡すことを提案しました。

3 結果

　まもなく、この生徒は、ミシン目が裂けるときの触覚的フィードバックにより、自分の活動がわかるようになりました。指に力が入るようになり、裂くことについては独力でできるようになりました。これをきっかけに、紙裂きを自分の課題として自覚したようでした。制作活動の時間になり、紙とお皿のセットが出てくると、「あ、自分の仕事ですね」といった様子で立ち上がり、近寄ってくるようになったということです。

　紙を渡すときに「ください」のサインを教えたところ、食事場面でも使えるようになりました。その後、靴のかかとにつけた輪に指をかけて靴を履く、トイレで下着を引き下げるなど、次々と可能な日常生活動作が増えていきました。

　帰る直前に車の模型を渡すという儀式はコミュニケーション手段として成立し、本人は「車の模型が手渡されたら車に乗って帰る」というつながりを理解しました。その後は、模型が手渡されるまで、母のそばでそわそわするだけになったとのことでした。

　1年後には、学校の作業活動でも、牛乳パックのコーティングはがしを介助なしでしている姿を見ることができました。高等部の卒業式では、付き添い無しで卒業証書を受け取り、保護者がたいそう喜んだとのことでした。

〈職員の変化〉

　月に1回の勉強会で、職員は発達のことを学んでいました。玉ひも教材の玉を追視していないことをビデオで確認したとき、視覚が十分に機能していないことに気づき、制作活動に気持ちが向かない理由が理解できたとのことでした。学習場面のビデオ記録を見ながらの協議を経て、この生徒が取り組めるのは「手ごたえ」のある課題であることが共有され、職員は、課題の選定や支援の仕方に自信がもてるようになりました。また、この生徒が怒るのは、支援のタイミングが合わなかったときだということもビデオで確認することができました。

〈保護者の変化〉

　「先日、母が放デイの事業所のトイレに連れて行ったとき、自分でズボンを下げて用を足し、ズボンを上げ、レバーに手をかけて水を流す一連の動作を理解している息子をみてびっくりしました。家ではこんな姿は見たことがありません。」

　家庭では日常生活の全てを手を添えて行なっていました。しかし、放課後等デイサー

ビスでの様子から、「することがわかれば自分でしようとすることがわかって、できる力を発揮させてあげたいと思うようになりました」とのことでした。

4 考察

　Stage Ⅰ-2 は、外界と自分との区別がようやくついたばかりで発信意欲も弱く、発信を引き出すための意図的な働きかけが必要な段階です。家庭では要求を発信する前にご家族が察してやってしまうことも多いでしょう。

　発信することの意味や価値を知るには、今できて、明確なフィードバックのある活動が必要です。手の動きに沿った視線の移動が難しいことに合わせ、よく見なくてもできる、「裂く」課題を提供しました。すると触覚的な心地よさを受け入れ、活動に前向きになりました。活動に前向きになるとまもなく、それが自分の仕事であることを理解して、材料を見ると立ち上がるようになりました。行動が能動的になってきたのは、「わかる」活動を通して、自分が環境に及ぼす影響を理解したからではないかと考えます。保護者の発言で、「することがわかれば自分でしようとする」というのはきわめて示唆的です。認知発達に合わせた課題設定の重要性を保護者が実感し、教えてくれたといえます。

＊＊＊

　事例 3 は、保護者や放課後等デイサービスの協力により実施した事例研究であり、「立松英子・加藤優太郎（2018）放課後等デイサービスにおける教材・教具を使ったコミュニケーションアプローチの効果—言葉のない知的障害児を対象として—」として、東京福祉大学・大学院研究紀要、8, 2, 158-167 に掲載された事例の研究ノートから、今回新たに起こしたものです。また、本事例は、Effects of Tangible Teaching Materials According to Evaluation of Cognitive Development"（日本語訳：「認知発達の評価に応じた触れる教材教具の効果」）という題で、IGI-Global 社の Hand Made Teaching Materials for Students with Disabilities（生田茂監修）でも紹介しています。

第 **8** 章 ┃┃

太田 Stage と
教材教具を使った発達支援

第1節 Stage Ⅰ　シンボル機能が認められない段階

　Stage Ⅰは、心の中のイメージ（表象）が言葉と結びつきにくい段階です。当初人への発信行動を基準に、Stage Ⅰ-1（要求手段がない）、Stage Ⅰ-2（要求表現はクレーン現象のみ）、Stage Ⅰ-3（複数の要求手段がある）に分けていましたが、現在は Stage Ⅰ-1 がさらに細分化され、5段階に分けられています（☞ p35、**表6**）。

　本節の対象は、重症心身障害を伴う Stage Ⅰ-1（2）（働きかけに対して何らかの反応が認められる）の高等部男性と、Stage Ⅰ-3（要求手段が複数ある）の中学部男性です。

事例❶

Stage Ⅰ-1（2）　働きかけに対して何らかの反応が認められる

フットスイッチ

材料：①マイクロスイッチ、②３ミリ厚シナ合板、③穴あき金属プレート1枚、④穴あき金属アングル2枚、⑤つまみ付き M5 ネジ2セット、⑥ M3 ネジ・ナット各2個、⑦コード、⑧プラグ、⑨赤色ラッカースプレー

＊金属プレートに穴を開けるのは高等部の金属加工を教える教員に依頼した。

1　対象の様子

①Ａくん：肢体不自由特別支援学校高等部　施設内訪問学級１年

②障害：四肢体幹機能障害、知的障害、全盲、てんかん

③行動観察から

　働きかけに対しての応答は少ないが、方法によっては、全身をつっぱり、笑うことがある。自分で寝返りや移動をすることは難しい。食事は経管栄養である。

2　教材選択の背景

　身体を大きく動かすと笑顔が見られる。わずかな動きに反応するスイッチ教材により、自分の足の動きと周囲の状況の変化との因果関係に気づくようにしたい。

3　ねらい

　自ら積極的に外界に働きかけて、状況を変化させようとする気持ちを引き出す。

4　工夫点

①足のわずかな動きでスイッチがオン、オフできるようにした。

②足の位置や動きに合わせてスイッチを固定できるようにした。

③スイッチ操作へのフィードバックとして、最初はブザーを使い、ブザーを確実に押せるようになったところでチャイムを使用した。ブザーを最初に使ったのは、押している間は音が鳴っているため、操作と結果との因果関係が理解しやすいと考えたからである。

5　活動経過と結果

期間：２ヵ月間（5〜7月）

形態：週２回の訪問支援での個別対応。

内容：最初に、Ａくんの喜ぶ遊びを探した。その結果、「抱かれた状態から身体を担任の方向に倒していくこと（重力の移動）」や「背臥位で膝の下をさすること（触覚）」で笑顔がよくみられた。「やろう」という予告の声かけとともにその遊びを何度も行なうと、声かけだけで期待感に満ちた笑顔が見られるようになった。

　次に、一定のサイン（身体の動き）を送ってきたら膝の下をさすることにした。「もっとしてほしい？」と支援者が声をかけ、それに対して足の指先がピクリと動いたら膝の裏をさすった。このやりとりが一定程度確実になったところで、スイッチ教材を用いた学習に移った。

①スイッチとブザーをつなげて、足の先にセットした。最初は、支援者が援助してスイッチを押した。

②「もっとしてほしい？」と声をかけ、それに対して右足が動いてブザーが鳴ったら、「鳴ったね！」と声をかけ、膝の裏をさすった。

③スイッチにつなげるブザーをドアチャイムに変更した。ドアチャイムは、スイッチを押すと「ピン」となり、放すと「ポン」と鳴る。つまり、この段階ではスイッチを押す動作と放す動作が必要になる。最初は、押しつづけることが多かったが、何度か行うと、押して、放す操作を理解した。

6　まとめ

　市販されているスイッチ類の多くは、重い肢体不自由のある子どもにそのまま使うことはできない。本児の場合も、次の 2 つの観点でその種類や提示の方法を工夫することになった。

①スイッチの操作性：子どもがどのような動きでスイッチを操作するのか。

②子どもの興味や外界の認知状況：スイッチ操作でどのような反応があると喜ぶのか。つまり、スイッチに何をつなげると操作の結果に気づきやすいのか。

　A くんは自分の体の動きとその結果の因果関係がわからない段階で学習を始め、足の動き（スイッチ操作）と音（結果）との関係を学んでいった。その中で、支援者が声をかけると笑顔がみられるようになったのは、支援者が予想した結果（達成感）につながるように援助していることに気づいたからではないだろうか。

　学習がうまく進むためには、A くんの足の動き、こちらへのサインの出し方、操作の結果（音）を確認したときの表情の動きなどを詳細に観察し、操作－結果のつながりが滞りなく A くんに伝わるようにするタイミングが重要だった。そのためにスイッチの形状（力の大きさ、方向性、大きさ、認識しやすい色、手触り、リアクションなど）を工夫する必要があった。

　スイッチ教材は、かかわりの手段として使われるものである。スイッチの操作性に取り組む前に、全身の動きからその人の内面をとらえ、興味関心や可動範囲を知って、種類や提示方法を工夫することが大切である。

（進一鷹（1995）重度・重複障害者の発達援助技法. 熊本大学教育学部紀要, 44. 参照）

【伊藤靖】

事例 ❷

Stage Ⅰ-3　複数の要求手段が使用できる

金属棒の輪抜き

材料：①厚さ 10cm の板、②三角形に曲げた太さ 1.5cm の鉄の棒、③木製リング

＊金属棒は、業者に依頼して曲げてもらった。

＊重い台座が必要である。厚い板にドリルで深く穴を開け、金属棒を差し込む。

1　対象の様子

①Ｂくん：知的障害特別支援学校　中学部 1 年生

②障害：重度の知的障害、ASD を伴う。小さいときにてんかん発作があったが現在は薬でコントロールできている。

③行動観察から

　言葉はないが手さしがある。終点で止めることは難しいが、ペンを握って縦線を引くことができる。身長 160cm、体重 65kg。家族で山登りを楽しむ。山の写真を好んでよく手に取るが、カードはコミュニケーション手段として成立しにくい。動きがダイナミックかつ瞬間的で、物を取り落としたり壊したりすることが多い。

2　教材選択の背景

　小学校のときから名前のなぞりを練習してきたが、線を終点で止めることが難しかった。注視や追視を促し、手の力を調整する力を養いたいと考えた。また、要求表現が少ないので、サインを引き出したいと考えていた。

3　ねらい

　操作の時手元を見る。手の力の抜き方を覚える。動かす方向や終点を予測しながら方向を変える。操作を通じて、要求をサインで表現する。

4　工夫点

　△の金属棒は頂点を対象児の目のやや下、30cm の距離を離して置き、目に入り

やすくした。頂点に輪をもってくると、手が自然に伸びた。棒に通した輪を握ると一気に上に引き上げようとするので、底板を抑えても棒が抜けないように、台座を厚く、頑丈に作る必要があった。

5　活動経過と結果

　見本動作を見せたが輪を棒に通すことが理解できず、写真のように輪を三角形の頂点に乗せて、金属棒に沿って動かした。そのため、抜くことから始めることにした。最初は輪をひっかけたまま思いっきり引っ張るので、重い教材が浮き上がったが、動きを調整し方向づけるような介助を通して、力みがちだった手の力を緩めることを学んだ。始点（棒に通した輪に指を入れる）から横に動かし、方向を変えて頂点に向かう動きを補助しながら行なった。角で方向を変えるときは、手元をよく見ていた。輪が抜けたらそのまま投げないように、そばにお皿を置いてそこに置くように促した。お皿を差し出すと、一旦離れた視線が戻ってきた。

　次に輪を通す活動を行なった。手の動きの方向づけに介助が必要だったが、通し終わって輪が台座の上に落ちるときに達成感があり、次を要求するしぐさが見られた。輪を渡すときに「ちょうだい」のサインを教えるとすぐに覚えた。また、渡すのが遅れると、両手を重ねるだけではなく頭を下げるようになった。

6　まとめ

　一緒に歩くときに視力の問題を感じることはなかったので、物と物との関係も見ればわかると思っていた。支援者は大人の常識を問い直し、視力のよさと大きさや空間関係を認知する力は異なることを学ぶことができた。物を使って対人意識や要求表現を引き出すときは、一瞬のタイミングが重要である。なぞり練習に入る前に多くのステップがあることを教えてくれた事例である。

第2節　Stage Ⅱ　シンボル機能の芽生えの段階

　無シンボル期から脱したStage Ⅱでは、盛んに身振りを使って発信するようになります。物に名前があることがわかるだけでなく、片言を表出し始めるので、大人も言葉で話しかけることが多くなります。一方、日常親しんだ物の名称や動きに密着した言葉（「行こう！」など）は理解したとしても、動作語を区別したり、大きさや位置など比較対象との関係で変わる言葉は理解できていません。孤立的だったStage Ⅰに比べると、急に人に関心が向き、大人を頼りにする反面、人目を意識したいたずらが多く見られ、イライラしたときにも人への攻撃が出やすくなります。変化を予測する力が弱いので、物の位置など環境が変わることを気にします。加えて、並べる、揃える、コレクションなどが始まる時期でもあります。

　特別支援学校では、Stage ⅠでもⅡでも数の学習に応じる子どもがいます。しかし、数字の順は比較的記憶に残りやすい反面、量概念はこの段階では理解できません。数の理解の基礎は運動（その数だけ動かす）にありますが、動かしている手を数唱や数字で止められず、あるもの全てを移してしまう行為がよく見られます。

事例 ❸

Stage Ⅱ　シンボル機能の芽生えの段階

玉さしによる数の教材

材料：①中心に穴を開けた直径2.5cmの木製の玉15個。着色し、ニスを塗って艶を出す。②縦10cm、横20cmの木製の台。棒をさしたところに、数字版を貼り付ける。③玉をさす棒。玉は、数によって色を統一するとわかりやすい。

各々の数を分離した教材も作成しておく。

1　対象の様子

①Cくん：特別支援学校中学部2年生

②障害：ダウン症　知的障害　こだわりが強いなど、ASD 様の特徴も目立つ。

③行動観察から

　家庭内での言葉はたいてい理解するとご家族は述べているが、学習場面では、言葉で指示すると不機嫌になり顔をそむける。身振りがよく通じる。言葉は不明瞭だが、イントネーションと表情で気持ちを表現する。

　物を並べる、揃える活動が好きである。否定的評価には敏感である。

2　教材選択の背景

　数の学習は大好きである。量は理解していないが、3 までなら数詞を聞いて指で数を示すこともできる。教材があれば喜んで取り組むので、「できた！」という感覚を味わわせながら無理なく学習を進めたい。

3　ねらい

　1 から 5 までの量を触覚と運動で学習する。

4　工夫点

　1 から 5 まで、数字に対応した数しか入らないように棒の長さが整っている。玉は掌に入るくらいの大きさで、つかみたくなるように艶や色にも配慮がある。棒に玉をさすことができなくなったとき（運動が止まるとき）が「終わり」である。

5　活動経過と結果

　1 から 5 まで玉を入れた後、玉を全部お皿に移して 2 ～ 3m 離れたところに置き、「3 個もってきて」という課題を行なう。3 個だけ入る棒が立っている教材（p128、写真の下）を持たせて取りに行かせる。本人は棒の長さ分だけ玉をさして「終わり」とし、得意気に戻ってくる。席について 1、2、と皿に移し、「3、（できたね！）」と褒めた。

6　まとめ

　シンボル機能の芽生え段階の Stage Ⅱ では、目に見えるものを手がかりに行動し、声かけや数唱で動きを止めることは難しい。もし、C くんに 5 個玉が入る教材を渡し、「3 個」と指示して 5 個入れて戻り、間違いを指摘されたら、次回からは学習に応じないだろう。学習意欲を妨げないためには、「大人が手を出さなくてもできる」工夫が重要であった。本教材は、感覚運動で「終わり」が確認できて、「1人でできた」という感覚をもつことができる。量がわかるためにはもう少し時間が必要だが、達成感を味わうことに意義があると考える。

第3節 Stage Ⅲ-1　シンボル機能がはっきりと認められる段階

　Stage Ⅲ-1 は「目で考える」段階といえます。絵や写真カードなどの視覚的手段を添えれば、言葉のみよりは通じるという実感がもてます。見本を参照することができ、年齢に伴い、文字を読む、書く、計算するなどのスキルが向上していきます。前期は「非関係づけ群」といい、一度に２つの事柄を頭に置くことができません。たとえば、「遠足」を「とおあし」と読んで譲らないなど、柔軟性の乏しさが目立ち、マッチングも、見た目が全く同じでないと「同じ」ではないという律儀さを示します。しかし、後期になると見た目が違う「同じ」にも馴染んでいきます。

事例 ❹

Stage Ⅲ-1 （非関係づけ群）

ワークシートと「コマ」による数の教材

材料：①ホワイトボードに透明シートをのせ、課題シートを入れ替えられるようにしておくとさまざまな学習に応用できる。②コマ（マグネット）は、ピンクは１個、青は２個など数別に色を変えておく。

1　対象の様子

①Ｄくん：特別支援学校小学部３年

②障害：ASD　知的障害

③行動観察から

　片言の表出がある。模倣が上手で見本動作を見せるとその通りに行なう。日用品などのコレクションが好きである。色の弁別はできており、50 音は全て読め、数字も１から 10 まで順に並べることができる。数字に対応する数唱も理解している。

2　教材選択の背景

　Stage Ⅲ-1 では視覚的で同時的な刺激にひかれ、数字を順に揃えることは学習

しても、量を継時的な運動（1、2、と動かす）のまとまりとして理解することは難しい。しばしば、指さしで数えたあとで「いくつ？」と聞くと、また最初から「1、2」と数え直すなどが見られる。本教材でも、全ての〇を「コマ」で埋めてしまうことが予測できたので、色をそろえることを手がかりに、「量」に気づかせたいと考えた。

3　ねらい

色を手がかりに、視覚的に量の理解を促す。

4　工夫点

マグネット付きの「コマ」は、ずれや取り落としを防ぐためだけでなく、パチンと貼りつく感触が子どもに達成感を伝える。数字に対応する数のコマを色別にして皿に置いた。透明シートを貼り、ワークシートを取り換えられるようにした。最初は、数字に対応する数の〇が描かれたシート（限

限定枠　　　自由枠

定枠：左）を使い、量に気づいた段階で、各々 5 個ずつ〇が描かれたシート（自由枠：右）を使うことにした。

5　活動の経過と結果

見本動作をみせるまでもなく、コマを〇に置くことは理解した。1 つの数字に 1 つのコマを対応させ、横 1 列に置こうとしたので、板でシートを隠して横にずらしながら縦 1 列ずつ見せていった。「1」から順に、該当の色を渡して下から上に置くように促した。数字に対応した色を選べば各列の〇が埋まることは理解したが、シートを自由枠に変えると、やはり余った〇枠にもコマを置きたくなり、別の色に手を出すなどして戸惑っていた。

6　まとめ

本教材は、数唱で運動を止められない D くんに対して、視覚的な「長さ」として量が記憶に残ることをねらっていた。視覚的な手がかりとしてコマを色別にしたが、D くんの注意は、〇を全部埋めることにより強く向かっていた。今後も「限定枠」で丁寧に学習し、数列を形として学習した上で、「自由枠」に移りたい。

事例 ❺

Stage Ⅲ-1（関係づけ群）

円柱と筒による数の合成／分解

材料：①食品ラップなどの芯（紙の筒）、②直径 3cm、高さ 2cm の木製の円柱、③ラップの芯よりやや狭い内径 3.5cm のアクリル透明筒、④円柱をくっつけて上に引き上げるための強いマグネット付き棒
＊木製の円柱は２個、３個、４個とつなげたものを用意し、上面にマグネットシートを貼っておく。

1　対象の様子

①Ｅさん：高等部３年生

②障害：ASD　知的障害

③行動観察

　２語文で話ができ、昨日のできごとなども断片的に語る。「この人は誰ですか？」「○○センセイ」など、パターン的だが双方向の会話が成立する。文字が読め、数を順序良く並べる。ひらがなが書けるだけでなく、文章で状況表現もできる。たとえば、状況の絵（人が転ぶ、重い荷物を運ぶなど）を見て、「あしがひ（っ）かか（っ）た」「おもたい」など自分なりの文章で表現する。

2　教材選択の背景

　数字マグネットを順序よく並べ、数え、該当の数の絵カードを選ぶこともできるが、合成分解などの操作はまだ難しい。具体物を扱いながら、目の前にないものをイメージする学習を進めたい。

3　ねらい

　具体物を手がかりに、目の前にない数を頭に描く⇒数の合成分解につなげる。

4　工夫点

　透明な筒に円柱を重ね、紙の筒で隠して、戸惑ったらすぐに中を見せられる設計にした。

5　活動の経過と結果

たとえば、「6」という数字を示す。円柱が 2 個くっついているものと 4 個くっついているものを用意する。透明な筒に重ねて入れ、下から一緒に指で数え、「6」まで唱えたら再び数字の「6」を示す。もう一度下から数えてから紙の筒をかぶせて見えなくし、マグネットのついた棒を使って上から 2 個分の円柱を取り出す。取り出した円柱を下から 1、2 と数え、紙の筒を棒で指し示して、見えない円柱を外側から数える。その後、紙の筒を持ち上げ、徐々に円柱を見せながら、下から 1、2 と数え、4 までいったら紙の筒を取り去る。最後に両方の円柱を並べて、「4 と 2 で 6」という。

6　まとめ

コップで模型を隠し「ここに何がありますか？」など、見えないものの名称を言語で答える課題はしてきたが、隠れた物が記号（数）で表される課題については初めての経験だった。「6」と読んだものが「2 と 4」になるという学習は、頭の中の記号操作が加わるので Stage Ⅲ-1 では少々負担だが、嫌がらずに取り組んだ。数に変化をつけても受け入れ、2 回目からは自分でこの教材を取り出し、目の前に置くようになった。大人の助けを借りながら取り組むことで、不安なく取り組めたようである。

第4節 Stage Ⅲ-2 概念の芽生えの段階

Stage Ⅲ-2 は、LDT-R3「3つの丸の比較」において、真ん中の○が「大きい」になったり「小さい」になったりする、すなわち、「それ」を表す言葉が「それ以外の物」との関係性で変わるということを理解した段階です。思考が格段に柔軟になり、環境に合わせて行動を変える必要があるときも、Stage Ⅲ-1 のときのような強い抵抗を示さなくなってきます。

LDT-R3 において、Stage Ⅲ-1 の ASD でよくある典型的な反応は、2番目の質問で最も大きい丸を隠して「今度はどっちが大きい？」と聞いたときに、丸を隠している検査者の手の甲を指さす反応です。これにより検査者は、柔軟な思考が難しい理由を知ると同時に、言葉の力がいかに行動の柔軟性に影響するかを知ることになります。

一方、ダウン症や ASD ではない発達障害（たとえば ADHD）においては、難なく LDT-R3 を通過することがあり、ASD の事例に長年親しんだ筆者は驚くと同時に、LDT-R3 の通過要件と ASD の障害特性との密接な関係を考えさせられます。

次の事例は、LDT-R3 を難なく越えたものの、そこから先に進むことが難しかったダウン症の事例です。

事例 ❻

Stage Ⅲ-2 前期　頭の中の大小比較不可

音節分解ボード

材料：①音節分解用の板：縦 26cm、横 11.5cm、厚さ 2mm のシナベニヤを使用。底板に幅 5mm の平板を貼って絵や文字を入れる枠を作る（両面テープを活用する）。②絵カードは 6×9cm、文字カードは 3×3cm、丸と×の木片も作る（丸はマグネットを利用してもよい）。

1 対象の様子
①Ｆさん：特別支援学校中学部 2 年生
②障害：ダウン症　知的障害

③行動観察から

　不明瞭だが場面に合わせて柔軟に言葉を使う。未来や過去の認識もある。ひらがな 50 音が全て読め、写し書きも可能である。予定の変更があったときに、「あっそうかー」と頭を叩いてあっさりと切り替える。無理な課題を提示すると首を振って拒否し、次の活動が予測できると、やる気満々で飛び出していく。

2　教材選択の背景

　1 つ 1 つの文字は読み書きできるのに、単語にすると順序を間違え、せっかく文字で表現しても意味が伝わらない。多くは自分の発音通りに表記し、たとえば、新聞は「せぶ」と書く。単語の 1 音に 1 文字が対応していることや、単語の構成には順番があることに気づかせたい。

3　ねらい

　表現したい単語の文字（音節）の順を視覚的に整理する。

4　工夫点

　教材は、円形マグネットで音節分解し、その上に文字を重ねるという 2 段階の構造になっている。黒い学習板を使い、操作空間がよく見えるように配慮した。

5　活動の経過と結果

　絵を見て発音し、その音に合わせて赤い丸板を置いていった。2 文字で終わる単語には 1 番下に「×」と置いた。どれも「く」で始まることを確認し、1 番上に「く」と置いた。車の「く」を本人は「くま」と読んでいたが、間に「る」が入ることをマグネットと音声で示し「る」の文字板を渡した。本教材で練習した単語は、その後、順序を間違えずに書けるようになった。

6　まとめ

　文字を書くことは、視知覚（見本を理解する）、聴知覚（読みを聞き取る）、視覚－運動（目で手の運動をコントロールする）、記憶（文字のイメージや読みの音声記憶）など、いくつかの感覚機能が統合された作業である。各々の過程にさらに細かいステップがあり、手の操作にしても、手元に視線を向ける、適度に力を抜く、一定の方向や長さを予測し終点で運動を止めるなどがある。F さんは、書くことに集中しているときはこれら運動の調整で精一杯で、音や意味に意識を向ける余裕がなかった。本教材では書く作業から解放され、音節や順序に集中できたと考える。

事例 ❼

Stag Ⅲ-2 後期　頭の中の大小比較可

ホワイトボードと模型による複数指示

材料：① 100 円ショップなどで売っている模型の消しゴム、②ホワイトボード、③学習枠（大）30cm × 40cm、（小）12cm × 18cm

1　事例の概要

①Gさん：中学部 3 年生

②障害：ASD　知的障害

③行動観察

　パターン的だが日常会話ができ、相手の表情を見ながら答え方を調節する。文字が読め、20 までの数の分解／合成ができる。たとえば、13 個並べて部分的にボードで覆って、「ここに何個ある？」と尋ねると、考えて、正しい数を答える。文章の助詞の部分を抜いて提示すると、大人の顔色をうかがいつつだが、「てにをは」に気をつけて選択することができる。

2　教材選択の背景

　Stage Ⅲ-2 は、複数の物を比較したり、状況に合わせて基準を変えることを理解し始める段階である。そのため、教材は、課題を柔軟に調節できるものを選択する。模型は実際に動かして考えることができる利点がある。また、種類を変えることによって、さまざまな言語的課題に対応できる。ホワイトボードも、課題に合わせて臨機応変に文章を変えることができる。

3　ねらい

　文字を読んで複数の課題を頭に置き、適切に応じる。

4　工夫点

　認知空間の狭さに配慮して、模型は、手でつまめるほどの大きさにする。「いちごを 5 こください」という課題には、「いちごを選ぶ」「5 個選ぶ」という 2 つの課題が含まれる。写真は、「5 こ」に応じているが、5 番目で「いちご」の記憶が曖昧になったところ。そのため、最初は、課題の 1 つだけを変化させて様子を見る。

5　活動の経過と結果

　まず、「いちごを 5 個ください」と口頭で指示してみた。想像通り、「いちご」といっていちごを差し出し、「5 こ」の注文は忘れてしまった。そこで、ホワイトボードに文字で書くと、2 つの課題に応じることができた。最初は、数字の部分を変えるだけにして、文章のその部分を指さし、考えるときの手がかりとした。次に、「いちご」の部分を変え、さらに、「いちごを 1 つとバナナを 2 つ」など課題を複雑にしていった。迷いが生じたときは、読み取れなかった部分を指さして手がかりを与えた。後日、テーブルと椅子の模型を使って「〇〇を＊＊の上に」など空間関係の課題に発展させた。物を注視しながら真剣に考え、「の上に」は比較的たやすくできたが、「〇〇を〇〇先生に」など、手渡す対象を机上エリアの外に移すと、「〇〇先生」はわかっているはずだが気づくためには指さしの支援が必要であった。

6　まとめ

　Stage Ⅲ-2 でも口頭で複雑な指示をすると負担が大きい。文章で提示すると、消えてしまう言葉のみよりは明らかに緊張が少なく、考えることに集中できたようだ。「5 こ」は、「ごこ」と読めるが、「2 つ」は「につ」と読んでしまうので、数詞を統一するように注意が必要である。Stage Ⅲ-2 ではパターン的な思考から頭を切り替えることが課題になる。目に見える事物に注意が向きがちなので、時々目の前にない物を指示に加えることによって思考の幅を広げていく。

第5節　Stage Ⅳ　基本的な関係の概念が形成された段階

　Stage Ⅳは、定型発達であれば4歳から7歳、ピアジェの言葉でいえば「直観的思考段階」に当たります。頭の中の表象空間が格段に広がり、幼児ではままごと遊びやアニメのキャラクターへの「なりきり遊び」などに夢中になり、自由な表象を楽しみます。

　定型発達における Stage Ⅳの前期（4～5、6歳）では、描画の欲求が高まり盛んに絵を描こうとし、うまく描けなくても何度も練習を重ね、喜々として心の世界を表出します。文字や数にも興味をもち、大人の真似をしながら生活と結びつけて次々とスキルを獲得していきます。会話が成立し、ルールを意識し、行動の理由なども聞けばそこそこ説明できるので、大人も共感的な働きかけがしやすくなります。

　一方、障害のある子どもでは、言語発達に比べ視覚‐運動系（微細運動）に遅れのあるタイプが目立ってきます。学校では、粗雑、不器用などの印象を周囲に与え、遊びなど友達との共同活動が難しくなることを意味します。視覚‐運動系に難しさがあるということは、物の扱いや身辺動作が思うようにいかないということであり、失敗や否定的評価に弱い、キレやすいなど情緒の問題とも関係します。

　一般に、知的障害を伴う ASD では動作系のスキルに比べて言語発達の遅れが、高機能 ASD では逆に動作系の遅れが指摘されることが多いですが、筆者らは Stage Ⅳ がその分岐点ではないかと考えています。保育所などで「気になる」といわれる子ども、特に日常行動で不器用さが目立つ子どもの認知を調べると、縦2分割絵を左右逆に置いても「できた」と差し出すなど、単純な視覚課題でつまずく様子が見られます。

　不器用さは Stage Ⅳ の全てに当てはまるわけではなく、ASD の特徴の強い人は全く別の、たとえば、対人関係上の思い込みや自分なりのルールと社会生活と折り合い、空気の読めなさなどが問題になります。つまり、Stage Ⅳ では発達の不均衡が目立ってくるに伴い、そのタイプがさまざまであることが注意を要する点といえます。

　次の課題は、Stage Ⅳ の言語能力からすればあまりに単純な課題にみえるかもしれません。しかし、実際やってみると、細かい部分の「位置、方向、順序」、つまり空間認知でつまずいていることがわかります。物を動かす、物と物とを関係づけるなど比較的粗大

な空間認知でつまずきがなければ LDT–4 を通過するので、気づきにくいといえます。

事例 8

Stag Ⅳ前期　数の保存不可

リベットによる交叉の課題

材料：①縦 15cm、横 20cm、高さ 2cm のシナベニヤ、②直径 3mm のリベット（アルミのペグ）

＊ひらがなの「よ」の下部分の軌跡をたどって、シナベニヤの板に、リベットがすっと入るくらいの直径の穴を開けていく。

1　事例の概要

①Ｈくん：特別支援学校中学部 2 年生

②障害：ASD を伴わない知的障害　遠視（眼鏡着用）

③行動観察

　日常会話は可能で、過去や未来の認識もあり、予定を考えて自分の行動を調節することもできる。質問すれば出来事の背景や理由、かかわった人の名前などを答える。自分の名前では 14 画の複雑な漢字が書けるが、動作はぎくしゃくし、新しい文字を覚えるときには大変な努力と時間が必要である。数の課題が苦手である。不安になったりイライラすると癇癪を起こし、祖母など特定の家族に怒りが向かう。

2　教材選択の背景

　書字に苦手意識をもち、無理に模写を促すと教材を投げて拒否していた。13 個のドットを結んで模写する課題（右図）では、線の方向や線分の長さを予測して応じているが、交叉をうまく表現できなかった。眼鏡を使用し、視覚の問題が想定できるので、触覚的なアプローチを選択した。

見本

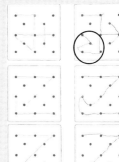

3　ねらい

　交叉のしくみを運動的に理解する。

4　工夫点

　認知空間の狭さに配慮し、教材は肩幅の中に入る大きさにした。ドットの交叉点

から少しずらして穴をあけ、その時点で立ち止まり、どちらの方向に進むか判断できるようにした。

5　活動の経過と結果

　プリントの学習では、よ、す、ま、など交叉のある文字のなぞりで交叉点にぶつかるとしばしば逡巡していた。教材の写真は、交叉がうまくできずに横にそれてしまったところである。全体像を運動的につかむため、まずは教材の穴を指でたどることにした。

　「くるっと」と声をかけ身振りをつけながら、介助はせずに見守った。指で交叉をたどった後に、リベットをさすように促した。交叉点に近づいたときにもう一度「くるっと」と声をかけた。本人はそれで先を予測し、2度目は、突き抜ける方向にリベットをさすことができた。最後にリベットの頭を指でたどり、形を確認した。

6　まとめ

　本教材は、線を点に替えて進行方向を触覚的に学習する課題である。さす動作で視点が穴に固定しやすく、紙面では漠然と見ている線の軌跡に目が留まりやすくなる。手の動きもゆっくりになるので、位置や方向が記憶に残りやすくなる。見ること、目で追うことに苦手のある子どもでは、触覚により手元に視線を引きつける工夫が必要である。

資料1　本書のキーワードとその解説

心の世界

　太田昌孝は、表象機能（representation）を「心の世界」と表現しています。「人間は、環境から入ってくる情報に対して、即反応するわけではなく、その情報の意味を理解し、過去の経験と照合し、加工し、どのように自分がふるまおうかと計画し、その場や環境と調和する……ここではこのような一連の機能を表象機能と呼ぶことにする。つまり、表象能力とは、心の世界ということになる」（太田ら，2015, p20）。

　「表象機能」は、単純にはイメージや抽象的な概念を心に描く機能ですが、発達とともにその内容が豊かになり、それを操作する頭の中の空間（表象空間）も広がります。概念形成過程の子どもにとっては、表象空間は、現実的な「認知空間」と重なり、子どもの行動はその空間の影響を受けています。たとえば、Stage Ⅰでは視覚は断片的でピンポイントに使われており、物を触るなど、触覚を優先した情報収集をしています。記憶の容量も乏しく、動きの多いお子さんであれば、好きな物は遠くからでも見つけて突進するのですが、視覚の外に出るとすぐに忘れてしまいます。概念が芽生えた Stage Ⅲ-2 では、2つの物を見比べながら、あるいは対象の全体像を見回しながら目の前の事象を捉えるだけでなく、その記憶の集積によって「大きい」「小さい」など概念の言葉も理解し、「今ここ」にない世界に思いが及ぶようになります。「アシタ」や「キノウ」などの言葉を自ら使い、未来や過去の表象も含んで生活が展開しています。

認知と情意

　「我々の表象の世界では、認知があると同時に情意がある。情意は知ろうという意欲であるし、行動しようとするエネルギーである」（太田，2015, p20）。太田ステージでは認知と情意は並行して発達すると考え、「心のエネルギー」を高め、それに沿って導くことを大切にしています。

デイケア　Day Care

　「デイケア」は、一般的には、子どもが家庭を離れて昼間に通う場所とそのサービスを意味し、医療のみならず福祉における通所施設も「デイケア」の1つです。病院で行

なわれる場合は「デイケア治療」と表され、入院と外来治療の中間的な位置づけとなります。ただし、本書では、東京大学医学部附属病院の精神神経科の小児部門やそこで行なわれていた活動を指す固有名詞として使っています。

認知発達治療　Cognitive Developmental Therapy（CDT）

　「太田ステージ評価」に基づく、治療教育の全体を指します。医療で生まれた言葉なので「医学的治療」を連想しますが、太田は、「精神医学的観点から見れば、ASD児自身への個別プログラムに基づいた総合的な働きかけのことを指し、ほぼ療育と同義語であり、医学的治療を始め、心理的、教育的、福祉的な働きかけを含んでいる」（太田ら，2015, p34）と述べています。医学的治療のみならず療育的働きかけも含めて「治療」と表現しているため、『自閉症治療の到達点　第2版』では、「主に療育や支援と表記するようにしました」とあるように、福祉や教育を含めた分野では、「認知発達支援」や「認知発達療育」「認知発達学習」などの呼び方が適しているかもしれません。

　教育や福祉の現場では「治療」という言葉に違和感があるでしょう。また、「治す」という概念は現代の障害観にはなじまないかもしれません。ただ、太田は精神科医としての矜持をもって「認知発達治療」という言葉を使い、ASDの本態である脳機能障害に働きかける可能性を追求していました。教育や福祉などの周辺分野で使われるようになり、「治療」を「療育」「支援」と表記するようになった現在も、「認知発達治療」という表現を残しているのは、こうした背景に基づきます。

太田ステージ

　認知発達治療と同義と考えてください。文脈によって使い分けています。

太田ステージ評価　Ohta Staging

　言語解読能力テスト改訂版（Language Decoding Test-Revised：LDT-R）（**図1**）を使った認知発達の段階分け評価法のことをいいます。この評価法を使って分けた各段階を「Stage」、もしくは「太田Stage」と表現します。本書では、太田ステージ（認知発達治療全体）と太田ステージ評価（段階分け評価法）を区別するため、太田ステージ評価には、「　」をつけて示しています。

シンボル機能／シンボル表象機能

symbolic functioning/symbolic representational functioning

　シンボル機能は、定型発達では1歳から2歳までの間に出現し、言語、遅延模倣、遊び、描画、イメージの5側面で観察できるといわれています（Piaget & Inhelder, 1966）。シンボル機能が出現する以前の子どもの思考は、「感覚運動的知能」といわれ、体を動かして環境とやりとりする体感的な思考方略であり、シンボル（日本語では象徴、もしくは記号）を使って物事を考えることは困難です。「シンボル表象機能」は、太田昌孝がシンボル機能の表象的側面を強調して名付けたもので、太田ステージでは、その中心的概念として「シンボル表象機能」を使います。

　ASDではシンボル表象のない感覚運動期からシンボル表象期に移行する際に大きな壁があり、一旦「ネンネ、バイバイ」などの言葉や身振りを使うようになっても、いつの間にか消えてしまう「折れ線型」のタイプが存在します。シンボル表象が認められてからも、それらを駆使して考える概念形成の段階（Stage Ⅲ-2）への移行に大きな壁があり、LDT-R はそれらの壁を「発達の節目」として捉える評価ツールです。

発達の最近接領域　Zone of Proximal Development（ZPD）

　ヴィゴツキーが提唱した著名な概念で、「子どもが自主的に解答する問題によって決定される現下の発達水準と、子どもが非自主的に共同のなかで問題を解く場合に到達する水準とのあいだの相違が、子どもの発達の最近接領域を決定する」（柴田訳，2001，p298）と定義されます。ヴィゴツキーは、「発達」を、今できていることだけではなく、何らかの変化の可能性を予測させる状態や、何らかの支えがあれば活動への向かい方が変わる状態をも含めて捉えようとしていました。

発達の不均衡さ　developmental imbalance

　太田（1992）は、「発達の歪みが情緒の不安定さにつながりやすく、これを意識した援助が必要である」と述べています。障害のある子どもには発達の歪みや不均衡さが指摘されることが多く、大きくは言語性と動作性のアンバランス、また、同じ言語系でも表出と理解のアンバランス、動作性でも、粗大系と微細系のアンバランス、さらに細かい部分でのアンバランスがありますが、いずれにしても、顕著に遅れた領域を見逃さず

に、情緒面（苦手意識）への配慮を含めた対応が必要です。

　太田は、ASD を伴う子どもにおけるシンボル表象機能の発達の顕著な遅れを指摘し、それを Stage で表しました。実際、Stage は学齢期では変化しにくく、視覚入力からの記憶を運動で表現する能力（視覚−運動機能）が支える表面上のスキル（たとえば、読み書き計算）との著しい乖離を指摘することができます。学校では、読み書き計算の能力が全般的な知的能力の象徴として受け取られることが多く、その応用力（シンボル表象機能→概念操作）の弱さは陰に隠れてしまいがちです。

　ASD を伴わない子どもでは逆に、視覚−運動系の能力が Stage に比べて顕著に遅れる事例が見られます。その行動は顕著な不器用、課題への挑戦や新規の体験に対する過度な臆病さ、友達との遊びの成立しにくさなどであり、ASD とは質の違う社会適応の難しさがあります。立松はこの視覚−運動系の遅れを捉える指標として、「鳥の絵課題」を使っています。

行動障害　behavioral disorders

　さまざまな形の逸脱行動を「疾病」として表現する際に使う言葉です。WHO では、"mental and behavioral disorders" のように、精神疾患とセットで使います。

　なお、知的障害のある子どもや大人の行動障害（社会的に不適切な行動）については、"challenging behavior" もしばしば使われます。

原著

　『自閉症治療の到達点』（1992）、『認知発達治療の実践マニュアル』（1992）、『自閉症治療の到達点　第 2 版』（2015）（いずれも日本文化科学社）を指します。本書は原著を踏まえつつ、周辺分野での取り組みに、より重点を置いて執筆させていただきました。理論編については、当然ながら原著から多くの引用があることをご了解いただきたく存じます。

資料2　太田Stageと手の発達・教材教具の系統化表

月齢	0	1	2	3	4	5
	Stage I-1 (1)		Stage I-1 (2)		Stage I-1 (3)	
言語・コミュニケーション		動きを止めて人の顔をじっと見る	あやすと微笑する　動く人を目で追う	あやすと声を出して応じる	人の顔を見て自発的に微笑する	部屋に誰もいなくなると泣く
諸感覚の統合	触覚や視覚との結びつきはまだない		保持 ／ 触覚にひかれた手の運動		視覚にひかれた手の運動	
	モロー反射					
	非対称性緊張性頸反射					
	把握反射					
運動・姿勢			腹這いにすると、少し頭をもち上げる		支え座位が可能になる	支え座位で椅子に座らせると、しばらくの間座っている
把握の形	固く握りしめている　指先への刺激に対する把握反射がある	時々小指の側を開く	時々親指の側を開く	親指が外側に出ることが多くなる	親指と人さし指のつけ根でつかむ　4指を曲げて引っかける	掌の中に収まる太さのものをかろうじて持つ
手の活動	不快の情動のとき、手を挙上した結果手が開く	生理的快の状態で上肢の伸展運動が起こり、掌が開く	手しゃぶりが始まる	能動的な手の探索活動が始まる	見た物に向かって手を伸ばそうとするが、届かずにそのまま周囲を触る	見た物に手を伸ばすが、距離がわからずうまく取れない
	上肢の伸展運動に伴い指が開く	手の甲に物が触れると反応する	片方の手にもう一方の手を重ね、触れ合わせる	指関節の内側に物を引っかけてもち上げるとぶら下がってくるが、すぐ指が離れてしまう	つかんだ物を取ろうとすると引き戻す　顔の周りの布などを引っぱり口に持っていく	つかんだ物を口に持っていき、なめる、噛る　仰臥位で足首をつかみ、足の指を触る
		ガラガラはすぐに取り落とす	ガラガラを少しの間持っていられる	自分の手をじっと見る	感触の固い物は持ってもすぐに放してしまう	何気なく落とす
目の活動	光に反応し、左右に眼球を動かす　眼前に提示されたものをわずかの間見つめる	仰臥位でさし出された物をわずかの間身動きを止めて注視する　人の顔に関心を向ける　縞模様が見分けやすい	仰臥位で視方向から左右180度追視する	仰臥位で180度往復追視する　物を持つとチラリと見る	仰臥位で360度追視する　支え座位で180度上下、左右に追視する　じっと見て手を伸ばす　遠近に気づく	小さいものを見つける　手にしたものを見つめる
教材		・ピヨピヨスイッチ	・フットスイッチ		・回転ガラガラ	・水平パイプ抜き

〈この表を参考にするときの留意点〉

◆この表は、2006年に発刊した『一人ひとりの子どもに学ぶ教材教具の開発と工夫』の巻末の表を更新したものです。参考文献に基づき、手と目の活動を中心とした標準的な発達を示しています。

◆各領域で当てはまる項目に○をつけていくと、目の前のお子さんの発達のアンバランスがわかります。

◆教材は、必ずしもこの順で使う必要はありません。使い方により難易度が異なりますので、あくまで対象に合わせてください。

◆ここにあげた教材の多くは本文にも登場した障害児基礎教育研究会による創作教材です。教材を作るときには以下のことにご留意ください。

　①1つの教材にたくさんの機能をもたせないようにする（操作と結果の関係が単純なものがよい）。

　②対象者の肩幅以内を基準に、あまり大きなものにしないこと（子どもはより小さな物に注目します）。

　③触覚が敏感なので、触りごこちに気をつけること。

6	7	8	9	10	11	12
Stage I-1 (3)		Stage I-2：手段と目的の分化				Stage I-3
あやさなくても、おもちゃに向かって声を出す　親しい人と見知らぬ人とを区別する	要求があるとき声を出す　両手を伸ばして抱っこをせがむ	目的のところに大人の手首をつかんでもって行く（クレーン現象）	音をまねる	自分の名前や禁止に気づく　バイバイに反応する	物を指さし、人を見、発声し、要求する	物への視線を他者と共有するために指さし等を使う　ちょうだいに応じる
手の運動の拡大 →つかんだものを口に持っていく⇒見ないで外側に取り落とす			物と物との関係づけ		関係づけの拡大　道具操作の芽	
		手首を曲げる		投げる動作の出現・　絵描き遊びの芽　指の分化、協調ができはじめる		
―	つかんだものを意図的に「放す」ことが難しい					特定の場所で放す
一人座位が可能になる、座位でバランスを崩すと手が出る	一人で座り、両手におもちゃを持ってあそぶ	少しの支えで立つ	つかまり立ちをする	操作するとき、もう一方の手が支えとして出る	つたい歩きをする	手をついて立ち上がる
小指の側で把握する	4指をそろえて掌でつかむ	親指と人さし指の側面でつまむ、物の形状によって把握の形を変化させる	小さな物に親指、人さし指を近づけつまもうとする	親指と人さし指でつまむ、小さい物を好んでつまむ	親指と人さし指、中指でつかみ、ほかの指は曲げる。掌を机につけたままつかむ	スプーンの柄のもとを持って食べる、うまく口に入らずこぼしがあたる
見て手を伸ばしてつかむ、左右の手で物を持ち替える	手にした物を見ようとして掌を回旋し上に向ける	小さな物をわしづかみにする　手の上に物をのせて叩く	小さな物を容器から取り出す　引き出しから物を引っぱり出す	容器から全部取り出す	小さな物をつまみ、つまんで瓶に入れる（瓶と物との大小関係を運動的に理解する）	小さな物をつまみ、瓶に入れたり出したりする
つかんだ物を口で確かめ、離して見て回し、口にあて、また見る、縦に大きく振る、机に打ちつける	音の出るおもちゃを打ち合わせる、耳もとで小刻みに振る	見て、取っ手などの特徴あるところをつかむ	紙を破る　拍手をする　太鼓をバチで叩くがうまく打てない	おもちゃを横に振る　ポンと放り投げる	蓋合わせをする	2個の積み木をもとうとする
物を払い落とす、落ちた場所をのぞく	両手に持った物を同時に放して別の物に手を伸ばす	物を落とすと落ちた場所を見て再び手を伸ばす	片手で物を持ちながら別の手で布を引っぱる	投げることにより、意図的に放すようになる	「ちょうだい」に応じて物をさし出すが手前で落としてしまう	殴り描きがはじまる　車を左右に動かす
2つの物を離してもどちらも見ることができる	目立つ物（縞模様など）に手を出す	物の端や尖った部分、目立つ部分のみを見る	物を近づけながらつまむかつかむか判断し、指の形を調節する	2つの物を関係づけ、対象を見続けて手にした物を持っていくが、手を伸ばしたときには視線がはずれていることが多い		見た物を共有しようとして人を振り返る
・垂直パイプ抜き	・玉抜き	・リング抜き	・リングさし	・玉入れ	・棒さし（太い物）	・リングとビー玉の弁別

〈課題設定及び働きかけのコツ〉
◆最初の段階ではできるだけ教示をしないで見守りましょう。
　①見ただけで何をしたらよいかわかる課題にしましょう。
　②褒めるタイミングは、子ども自身が「できた！」と感じたときにしましょう。
◆2度目からは、できる課題からはじめ、少し難しい課題を行ない、できる課題で終わりましょう。
　「もっとやりたい」と思うくらいでやめることで、次への期待が高まります。
◆動作性の課題と言語性の課題を子どもに応じて使い分けましょう。○△□の分類は動作性で、「○をください」といえば言語性の課題です。言語性の課題を出すときは慎重に。Stage Iの人は、「＊＊をください」といった途端に席を立ったり教材を払いのけたりすることもあります。

15	18	24	30	36
要求手段の多様化	Stage Ⅱ：移行期	Stage Ⅲ-1：シンボル機能がはっきりと認められる		Stage Ⅲ-2：概念の芽生え
物が隠され見えなくなっても、そこにあり続けること（物の永続性）を理解する　言葉、遅延模倣、遊び、描画、イメージの側面でシンボル機能が観察される		物に名前があることがわかる　見立てやふりを使ってあそぶ	物の用途を理解する　物と物との関係づけやマッチング、分類の操作が活発になる	大小等の関係概念の理解　言語による行動調整や簡単なルールの理解が可能になる
	物の関係づけ／道具操作への関心 ──▶		──▶ 視覚 - 運動の充実 ──────▶	
横なぐり描きの往復描き ──────▶		円錯画（グルグル描き） ──▶	閉じた円を描く、見立て遊び、つもり活動 ──▶	
	組み立て遊び（積み木積み）	粘土・はめ板・ブロック・積み木遊び	パズルなど構成遊びの広がり	大小の比較ができる
かごを持って立ち上がる　数歩一人で歩く	片手を支えられて階段を上がる	両足で跳ぶ	両足をそろえて階段を上り下りする	足を交互に出して階段を上がる
スプーンの柄の中間を握ってこぼしながら食べる	スプーンの柄の方を持って食べ物を見てすくう	回外持ちで食べる	親指、人さし指、中指の3点でスプーンや鉛筆を持つようになる	3点持ちでスプーンの位置を微妙に調整する　握り方に力みがとれる
道具を持ちたがる　キャラメルなどの紙をむいて食べる	道具を道具として使う　ボールを投げる　線を引くのをまねる	道具に興味をもち、家庭内の出来事をまねてあそぶ	上下、左右の手首の動きがなめらかになる　穴の大きい玉やビーズに紐を通してつなげる	靴を履く、ボタンをはずす　絵に言葉で意味づけをする
3個くらいの積み木を積む　はめ板○△□を目の前で180度回転すると、○を□の孔の上に置く	3個〜10個位の積み木を重ねたり並べたりする　はめ板○△□を180度回転すると、円孔を注視し、○の形を入れる	積み木を高く積む　両手で粘土を丸めようとする⇒細い紐状になる　本のページをめくる	積み木を車に見立てあそぶ　粘土を伸ばす、ちぎる　はさみで1回切りができる　4〜5片の型はめができる	動物、乗物などを想定してブロックやつみ木で形を作る（物に意味づけをする）
横なぐり描きの往復描き	横なぐり描きの往復に縦線も入り、縦横のなぐり描きをする	線と区別して円を描く	起点と終点を結ぶ　交差した線を引く	閉じた円を描く　縦線、横線を組み合わせて描く
端を記憶しながらもう1つの端を見る	三角形の上下（方向）に気づき回す	型はめはまだ間違えることがある	絵を構成的に見る	1つずつ順番に触る、見る
・メロディボックス	・半円形の棒さし（方向を考えて抜く）	・2点の板さし（両手を使う）	・切片パズル	・アクリル筒の数の教材

〈参考文献〉
・ゲゼルとアマトルーダ（Gesell, A & Amatruda, C. S.）『新・発達診断学』新井清三郎訳、日本小児医事出版社、1976 年
・飯高京子・若葉葉子・長崎勤編　『講座 言語障害児の診断と指導 第 2 巻 ことばの発達の障害とその指導』学苑社、1988 年
・鹿取廣人『ことばの発達と認知の心理学』東京大学出版会、2003 年
・太田昌孝・永井洋子編著『自閉症治療の到達点』日本文化科学社、1992 年
・ピアジェ（Piaget, J.）『知能の誕生』谷村覚・浜田寿美男訳、ミネルヴァ書房、1978 年
・津守真・稲毛教子『乳幼児精神発達診断法 0 才〜3 才まで』大日本図書株式会社、1961 年
・手の使い方指導研究会編『障害児のための新・手の使いかたの指導—自作教材、訓練具を中心に—』かもがわ出版、1999 年

図表・写真リスト

表		
No.	キャプション	ページ
表 1	「太田ステージ評価」の定義と定型発達の該当年齢・下位分類	14
表 2	各 Stage の説明	14
表 3	ピアジェの認知発達段階と太田ステージ、立松の分類	16
表 4	太田 Stage と状態像	29
表 5	大島分類	34
表 6	太田 Stage Ⅰの下位分類、評価基準、臨床上有効な指標	35
表 7	太田ステージ評価と DQ・IQ	36
表 8	太田ステージ評価とコミュニケーション手段	37
表 9	無シンボル期の重症心身障害児の状態像と活動内容	39
表 10	Stage と TOB の通過・不通過	46
表 11	TOB と田中ビネー知能検査における類似の課題	46
表 12	太田 Stage と言葉の表出	51
表 13	基礎的な力と判定基準	52
表 14	感覚の未熟性に関する行動	53

図		
No.	キャプション	ページ
図 1	LDT-R の実施手順	20, 21
図 2	鳥の絵課題（TOB）検査シート	44
図 3	鳥の絵課題を通過した人数と通過率（障害別）	45
図 4	TOB の通過パターン	45
図 5	TOB の「足を囲む」タイプ	47
図 6	交叉のある課題	94
図 7	切片パズル	98
図 8	事例 1 の TOB の結果	100
図 9	繰り上がりのある計算	111
図 10	指示された数をホワイトボードに置く	112
図 11	事例 2 の TOB の結果	112
図 12	パソコンの課題（ぼうし）	112
図 13	パソコンの課題「ねこ」	113
図 14	LDT-R5　数の保存	117

写真		
No.	キャプション	ページ
写真 1	触覚で大小を弁別する「プットイン」	43
写真 2	順に高くなる棒さし	94
写真 3	アクリル筒の数の教材	94
写真 4	ロジックシティ	97
写真 5	太さの異なる棒さし	97
写真 6	笑顔の溝なぞり	97
写真 7	指で円を描き人になる	98
写真 8	「ロボットできた」と言う	99
写真 9-1	順に玉を入れ、筒の上に数字を置いた	101
写真 9-2	ランダムに置いた数字に合った数の玉を自分で入れた	101
写真 10-1	中指が上にある不完全な 3 点持ち	102
写真 10-2	中指が人差し指を支える 3 点持ち	102
写真 11-1	追視をしない	120
写真 11-2	小さな紙片に集中する	120

教材の写真（第 2 部第 8 章）		
事例 No.	教材名	ページ
1	フットスイッチ	123
2	金属棒の輪抜き	126
3	玉さしによる数の教材	128
4	ワークシートと「コマ」による数の教材	130
5	円柱と筒による数の合成／分解	132
6	音節分解ボード	134
7	ホワイトボードと模型による複数指示	136
8	リベットによる交叉の課題	139

あとがき

「太田ステージ」の開発者である太田昌孝先生が亡くなって3年余り、世間では「太田ステージ」の名前が広まってきましたが、そもそも評価後にどうしたらいいかがわからないというご意見が多かったのは、本書の冒頭に書いた通りです。「太田ステージ研究会」の役員で話し合っていたのは、時代とともに形骸化し、本質が伝わらなくなっているのではないかという危惧と、さまざまな専門的技法や考え方が出たり消えたりする中で、それらと対立的に捉えられたり、間違った使い方がされていくのではないかということでした。

筆者の立松は、教育の分野でそのような危惧を現実のものとして感じていました。残念ながら学校や福祉施設の環境では学術的な効果検証は難しいものの、活用者としての実践をありのままにお見せしていくことも必要なのではと考えていたところです。

立松は、教材教具を人間関係形成の道具と捉える「障害児基礎教育研究会」にも強く影響を受けてきました。ここでの活動は、認知発達治療を教育実践に具現化するものと考えられます。この「理論と実践」の関係を語ることは筆者の使命と自覚しており、これまでに、ジアース教育新社から「発達支援と教材教具」の4シリーズを出版させていただきました。一方、障害児基礎教育研究会として学苑社から出版した『一人ひとりの子どもに学ぶ教材教具の開発と工夫』(2006)は、すでに絶版となっているにもかかわらず、研究会の在庫への注文が最近急増し、この領域に関心が高まっていることを知りました。そんな折に学苑社から再びお話があり、今一度太田ステージの理論と実践について語りたいという立松の希望が通り、このたび出版の運びとなりました。

本書を通じて「心の世界」が読者に伝わったかどうかは心もとないのですが、これを機会に、全国の学校や施設で子どもたちの理解者が増えることを祈念しています。

数々の知見を与えてくださった永井洋子先生・武藤直子先生・亀井真由美先生を始め太田ステージ研究会の皆様、障害児基礎教育研究会のメンバー、出版を後押ししてくださった学苑社の杉本哲也様に心より感謝申し上げます。また、発達支援の研究者にとっては事例が命であり、実践にご協力いただいた子どもたちとその保護者には、そのことを深くご理解いただいたことに厚くお礼を申し上げます。

立松英子

あとがき

　太田昌孝先生と初めてお会いしたのは、もう 40 年前のこととなります。

　入職に向けての面接の中で、先生は「『理論と実践』どちらが大事だと思う？」と問いかけられました。そのときは、理論も実践も何のことだかわからず、とりあえず「両方でしょうか……」とお答えしたように記憶しています。

　今回、本書の執筆にあたり、今まで出会った子どもたちと再会しました。そして、子どもたちがさまざまな形で示してくれた発達の姿から、多くのかけがえのない学びを与えられていたことに改めて気づかされました。太田ステージを通して発達の理論を学び、子どもたちとの出会いにより得た実践を通して、再び太田ステージの理論の本質を深めることができたのだと思います。

　療育の枠組みが広がり、支援者の専門性も多岐に渡ってきている今であるからこそ、どのような場所でも、どのような立場の支援者でも、子どもの行動の背景を捉え、適切な支援につなげていくことのできる理論をもち、それぞれの場にいる子どもたちに届く実践につなげていくことが重要と考えます。この書籍が、そのための一助となれば幸いです。

　多くの方からのご指導があったからこそ、今回このような執筆の機会をいただけたと思います。

　太田先生とともに、厳しくあたたかくご指導くださいました原著の共著者である永井洋子先生、絶え間なく太田 Stage の研究と普及に尽力され、多くの知見を与えてくださいました太田ステージ研究会の皆さまに、心より感謝申し上げます。また、保育の現場に立ち会わせてくださり、日々の実践からの貴重なご意見を下さいました現場の先生方に、心よりお礼申し上げます。

齋藤厚子

文　献

APA（2013）DSM-5. Diagnostic and statistical manual of mental disorders（5th ed）. APA, Washington, D. C.（高橋三郎・大野裕監訳（2014）精神疾患の診断・統計マニュアル．医学書院．）

ブルーナー，J. S.　鈴木祥蔵・佐藤三郎訳（1966）教育の過程．岩波書店．

外務省（2019）障害者の権利に関する条約．https://www.mofa.go.jp/mofaj/gaiko/jinken/index_shogaisha.html（2021/2/23　最終アクセス）

ゲゼル，A. & アマトルーダ，C. S.　新井清三郎訳（1976）新・発達診断学—小児の正常発達と異常発達—．日本小児医事出版社．

Hashino, K., Iida, J., Iwasaka, H., & Ito, N.（1977）A study of cognitive development and behavior problems in mentally retarded children. Psychiatry and Clinical Neurosciences, 51, 57-65.

本郷一夫（2006）「気になる」子どもの行動チェックリスト（D-3 様式）．保育の場における「気になる」子どもの理解と対応—特別支援教育への接続—．ブレーン出版，p5.

飯高京子・若林陽子・長崎勤．（1991）ことばの発達の障害とその指導　講座　言語障害児の診断と指導　第 2 巻．学苑社．

Kamei, M., Miyatake, K., & Sone, S.（2013）An effective approach to the challenging behavior of persons with Severe Motor Intellectual Disabilities（SMID）comorbid with autism. In IASSIDD Asia Pacific Regional Conference 2013 Proceedings.

亀井真由美（2015）重症心身障害児（者）に太田ステージを用いた支援．太田昌孝・永井洋子・武藤直子編　自閉症治療の到達点　第 2 版．pp275-304.

鹿取廣人（1982）講座現代の心理学 5　認識機能の障害　認識の形成．小学館．

鹿取廣人（2003）ことばの発達と認知の心理学．慶応大学出版会．

厚生労働省（2015）放課後等デイサービスガイドライン．厚生労働省社会・援護局保健福祉部「障害児通所支援に関するガイドライン検討会」報告書平成 27 年 4 月 1 日 https://www.mhlw.go.jp/stf/shingi2/0000082831.html（2021/2/23　最終アクセス）

厚生労働省（2017a）児童発達支援ガイドライン．障発 0724 第 1 号　厚生労働省社会・援護局障害保健福祉部長通知．

厚生労働省（2017b）保育所保育指針（平成 29 年 3 月 31 日厚生労働省告示第 117 号）．

厚生労働省　障害福祉サービス等の利用状況について．厚生労働省統計情報．https://www.mhlw.go.jp/content/0210_01.pdf（2021 年 1 月 29 日最終更新）（2021/2/23　最終アクセス）

水口浚・吉瀬正則・松村緑治・立松英子（2006）一人ひとりの子どもに学ぶ教材教具の開発と工夫．学苑社．

文部科学省（2017a）幼稚園教育要領（平成 29 年 3 月 31 日文部科学省告示第 62 号）．

文部科学省（2017b）小学校学習指導要領（平成29年告示）．https://www.mext.go.jp/content/1413522_001.pdf

文部科学省（2018）特別支援学校教育要領・学習指導要領解説（幼稚部・小学部・中学部）総則編．文部科学省．https://www.mext.go.jp/content/20200515-mxt_tokubetu01-1386427.pdf

文部省（1975）重度・重複障害児に関する学校教育の在り方について（1975年3月答申）．

Mundy, P., & Crowson, M.（1997）Joint attention and early social communication: Implications for research on intervention with autism. Journal of Autism and Developmental Disorders, 27, 6, 653-675.

武藤直子・亀田紀子・東条春行・鈴木ひろみ・林弥生・仙田周作・小野田誠・関根洋子・金生由紀子・永井洋子・太田昌孝（2002）自閉症における「初歩的な概念ができ始めた段階」の認知発達の検討．第43回日本児童青年精神医学会発表．

武藤直子・松永しのぶ・鏡直子（2003）行動異常についての予防プログラムの構築．自閉症圏障害における異常行動とその予防に関する研究．財団法人こども未来財団．児童環境づくり等総合調査研究事業 平成14年度研究報告書．

武藤直子・松永しのぶ・鏡直子（2004）発達期における予防的プログラムの構築に向けて．自閉症圏障害における異常行動とその予防に関する研究．財団法人こども未来財団．児童環境づくり等総合調査研究事業 平成15年度研究報告書．

武藤直子・永井洋子（2015）認知発達治療とは．太田昌孝・永井洋子・武藤直子編著　自閉症治療の到達点．日本文化科学社，pp104-114．

永井洋子・太田昌孝・岡本厚子ほか（1984）自閉症の表象能力の発達段階分けに関する研究（その2）―発達段階分けの妥当性に関する研究―．厚生省「自閉症の本態、原因と治療法に関する研究」昭和56年度研究報告書．

永井洋子・太田昌孝・齋藤厚子ほか（1985）Stageの妥当性に関する研究―とりわけ無償商機に焦点を当てた検討―．厚生省「自閉症の本態、原因と治療法に関する研究」昭和59年度研究報告書．

永井洋子・太田昌孝（1986）Stageの妥当性に関する研究―表象機能の芽生えがみられる段階の検討．厚生省「自閉症の療育体系に関する総合的研究」昭和60年度研究報告書．

永井洋子・仙田周作・太田昌孝・関根洋子・亀井真由美・金生由紀子・橋本大彦（1991）東大デイケアの意義と課題―自閉症治療と評価の歴史的展望の中で―．三菱財団助成研究「自閉症児の認知発達治療およ治療効果の評価についての研究」最終報告書．

内閣府・文部科学省・厚生労働省（2017）幼保連携型認定こども園教育・保育要領（平成29年3月31日内閣府・文部科学省・厚生労働省告示第1号）．

中島昭美（1977）人間行動の成り立ち―重複障害教育の基本的立場から―重複障害教育研究所紀要，1（2）．

日本精神神経学会（2014）DSM-5病名・用語翻訳ガイドライン（初版）．精神神経学雑誌，116（6），

429-457.

大島一良 (1971) 重症心身障害の基本問題. 公衆衛生, 35, 648-655.

太田昌孝 (1980) 自閉症の概念と診断―その歴史と現在の課題―. 障害者問題研究, 23, 42-55.

太田昌孝 (1983) 自閉症の治療と指導―特に発達的観点からの治療と薬物療法―. 発達障害研究, 5, 1-17.

太田昌孝 (1984) 自閉症の表象能力の発達段階分けに関する研究 (その1) ―表象能力の発達段階についての理論的問題―. 厚生省「自閉症の本態・原因と治療法に関する研究」昭和56年度研究報告書.

Ohta, M (1987) Cognitive disorders of infantile autism: A study employing the WISC, spatial relationship conceptualization, and gesture imitation. Journal of Autism and Developmental Disorders, 17, 45-62.

Ohta, M., Nagai, Y., & Kano, Y. (1988) On the cognitive develpmental therapy for autistic children at the Day Care Center. (自閉症児の認知発達治療及び治療効果の評価についての方法論と評価尺度の開発に関する研究) 三菱財団助成中間報告書.

太田昌孝・染谷利一・永井洋子ほか (1989) Stage Ⅲ-1 の下部構造分けの妥当性について. In: 石井哲夫 (研究代表者) 障害幼児を中心とした治療教育法の開発と統合化に関する研究. 昭和63年度厚生省心身障害研究報告書. pp126-129.

太田昌孝・永井洋子編著 (1992a) 自閉症治療の到達点. 日本文化科学社.

太田昌孝・永井洋子編著 (1992b) 認知発達治療の実践マニュアル. 日本文化科学社.

太田昌孝 (1994) 自閉症の概念と医療的ケア. 障害者歯科, 15 (2), 137-142.

太田昌孝 (2003) 発達障害児への教育的訓練. 新世紀の精神科治療 (別冊) 第6巻認知の科学と臨床. 287-302.

太田昌孝・永井洋子・武藤直子編 (2013) Stage Ⅳの心の世界を追って―認知発達治療とその実践マニュアル―. 日本文化科学社.

太田昌孝・永井洋子・武藤直子編 (2015) 自閉症治療の到達点　第2版. 日本文化科学社.

大田堯 (1990) 教育とは何か. 岩波新書.

ピアジェ, J. 谷村覚・浜田寿美男訳 (1994) 知能の誕生. ミネルヴァ書房.

Piaget, J. & Inhelder, B. (1966) La Psychologie de L'enfant (波多野完治・須賀哲夫・周郷博訳 1969 新しい児童心理学. 白水社.)

進一鷹 (1995) 重度・重複障害児の発達援助技法. 熊本大学教育学部紀要, 44.

Simcock, G., & Hayne, H. (2002) Breaking the barrier? Children fail to translate their preverbal memories into language. Psychological Science, 13, 225-231.

立松英子 (1993) 精神薄弱養護学校における養護・訓練の指導について―主に言葉の理解に乏しい子どもの環境の認知及び心理的適応について―. 平成5年度東京都教員研究生 (文部省内地留学生)

　　研究報告書.

立松英子（1996）プリント上の計算能力が生活に生かされない自閉症児の個別指導について―概念操
　　作能力の水準と、注意・感覚機能の未熟性に焦点を当てて―．第 36 回児童青年精神医学会口頭発表.
　　児童青年精神医学とその近接領域, 37（1）, 108-109.

立松英子（2003）知的障害のある子どもの発達の不均衡さ―そのアセスメントと支援について―．東
　　京学芸大学連合学校博士論文デザイン検討会資料.

立松英子（2004a）知的障害の重い子どもの言語理解と視知覚 - 運動機能の乖離を捉える簡易指標の検
　　討―「3 つの丸の比較」と「鳥の絵課題」を使って―．東京学芸大学学校教育学研究論集第 10 号,
　　135-141.

立松英子（2004b）知的障害の重い子どもの行動特徴―自閉圏障害の合併及びシンボル機能の観点か
　　ら―．小児の精神と神経, 44（4）, 373-381.

立松英子・太田昌孝（2005）知的障害養護学校での発達評価における簡易指標の意義の検討―自閉症
　　様の行動障害との関連で―．東京学芸大学学校教育学研究論集, 12, 17-27.

立松英子（2006）知的障害の重い子どもの発達の不均衡さと行動障害との関係―知的障害養護学校に
　　おける簡易評価の開発を試みながら―．平成 17 年度東京学芸大学大学院教育学研究科博士課程発達
　　支援講座博士学位論文.

立松英子（2009）発達支援と教材教具―子どもに学ぶ学習の系統性―．ジアース教育新社.

立松英子（2010）空間関係の把握困難と適応行動との関係について―「鳥の絵課題」のタイプ分けに関
　　する分析―．日本児童青年精神医学会第 51 回総会口頭発表．抄録集 p266.

立松英子（2011a）発達支援と教材教具Ⅱ―子どもに学ぶ行動の理由―．ジアース教育新社.

立松英子（2011b）概念の形成過程の発達評価と教材教具による学習の系統性について．平成 21-22
　　年度日本学術振興会科学研究費補助金助成（若手スタートアップ　課題番号 21830097）による研究
　　報告書.

立松英子・太田昌孝（2011）認知発達と行動との関係―シンボル機能と視知覚機能の測定を通して―.
　　日本小児精神神経学会第 106 回大会口頭発表．小児の精神と神経, 52（1）, 69-70.

立松英子（2015）発達支援と教材教具Ⅲ―子どもに学ぶ学習上の困難への合理的配慮―．ジアース教
　　育新社.

立松英子・加藤優太郎（2018）放課後等デイサービスにおける教材教具を使ったコミュニケーション
　　アプローチの効果―言葉のない知的障害児を対象として―．東京福祉大学大学院研究紀要, 8（2）,
　　158-162.

Tatematsu, E.（2019）Effects of tangible teaching materials according to evaluation of cognitive de-
　　velopment.（日本語訳：第 6 章「認知発達の評価に応じた触れる教材教具の効果」）In: Shigeru
　　Ikuta（Etd.）Hand made teaching materials for students with disabilitiespp. 132-159. 全 396 頁.
　　DOI: 10.4018/978-1-5225-6240-5. ch006

立松英子（2020）発達支援と教材教具Ⅳ―「席を立つ」子どもへの認知発達に応じた合理的配慮―．ジアース教育新社．

立松英子・張偉績（2020）放課後等デイサービスの専門性向上に関する小規模調査．日本発達障害学会第 55 回研究大会（オンライン発表）．

Tatematsu, E.（2021）The role of teaching materials in cognitive development focusing on the "emergence of symbolic functioning" and behaviour issues. In: Yefim Kats（Etd.）Education and technology support for children and young adults with ASD and learning disabilities. pp73-97. 全391 頁．DOI: 10.4018/978-1-7998-7053-1. ch005

手の使い方指導研究会編（1999）障害児のための新・手の使いかたの指導―自作教材，訓練具を中心に―．かもがわ出版．

津守真・稲毛教子（1987）乳幼児精神発達診断法　0 歳〜 3 歳まで．大日本図書株式会社．

ヴィゴツキー, L.S.　柴田義松訳（2010）思考と言語 新訳版．新読書社．

全国児童発達支援協議会監修（2020）　新版障害児通所支援ハンドブック―児童発達支援・保育所等訪問支援・放課後等デイサービス―．エンパワメント研究所．

著者紹介

立松 英子（たてまつ えいこ）（編集／教育・福祉・心理分野）

　教育学博士、公認心理師、学校心理士（スーパーバイザー）、自閉症スペクトラム支援士（エキスパート）、太田ステージ研究会役員、障害児基礎教育研究会幹事。特別支援学校の教師として重症心身障害児や知的障害児の教育に 25 年間携わり、2008 年より東京福祉大学で勤務。2023 年に大学院社会福祉学部教授を退職し、現在は、全国療育相談センターで心理職として療育にあたる。本書では、第 1 部と第 2 部第 6 章、第 7 章、第 8 章事例②〜事例⑧を執筆し全体を編集した。

齋藤 厚子（さいとう あつこ）（福祉・心理分野）

　東京福祉大学社会福祉学部講師、児童学修士、臨床発達心理士、保育士、社会福祉士、精神保健福祉士、太田ステージ研究会役員。デイケアにて幼児自閉症の治療教育に携わった後、公立・民間の療育センターにてのべ 20 年間療育支援を行なうとともに、保育園、学校、保健センターにおける研修講師や巡回相談や、発達相談センター、子ども家庭支援センターにおける保護者相談を通して地域の子育て支援に携わった。現職では、保育士養成、社会福祉士養成を行なっている。本書では、第 2 部第 5 章を執筆した。

執筆者

伊藤 靖（いとう やすし）（障害児基礎教育研究会）

　まなび工房主宰、臨床発達心理士。主として肢体不自由が対象の特別支援学校に長年勤め、定年後に「まなび工房」を開設した。東京都特別支援学校の外部専門指導員として教材教具を使った教育的支援を行なう日々を、ブログ「まなび日記（http://manabi07.blog118.fc2.com/）に綴っている。本書では、第 2 部第 8 章第 1 節事例①を執筆した。

子どもの心の世界がみえる
太田ステージを通した発達支援の展開　　　　　　　　　　©2021

2021年11月15日　初版第1刷発行
2024年8月15日　初版第4刷発行

編著者　立松英子
著　者　齋藤厚子
発行者　杉本哲也
発行所　株式会社　学　苑　社
東京都千代田区富士見2－10－2
電話㈹　03（3263）3817
fax.　03（3263）2410
振替　00100－7－177379
印刷・製本　藤原印刷株式会社

検印省略

ISBN978-4-7614-0828-2 C3037

■ 発達支援
感覚と運動の高次化理論
からみた発達支援の展開
子どもを見る眼・発達を整理する視点

池畑美恵子【著】

B5 判●定価 2420 円

「感覚と運動の高次化理論」を
通した子どもの読み取り方か
ら臨床実践までを整理した 1
冊。「高次化理論」初学者に最
適な書。

■ 発達支援
感覚と運動の高次化理論に基づく
教材の活用とかかわりの視点
発達支援スタートブック

池畑美恵子【監修】
冨澤佳代子【編】

B5 判●定価 2530 円

「感覚と運動の高次化理論」に
基づいた教材・教具・アクティ
ビティを紹介。その活用を通し
て、子どもの発達の理解や実践
の工夫につなげる。

■ 発達障害
こんな理由があったんだ！
「気になる子」の理解からはじめる
発達臨床サポートブック

綿引清勝【著】
イトウハジメ【絵】

A5 判●定価 1870 円

保育所・幼稚園・小学校等の
教育・保育現場や子育てで実
践的に活用できるように、つ
まずきの理解と支援方法が満
載。

■ 発達支援
非認知能力を育てる
発達支援の進め方
「きんぎょモデル」を用いた実践の組み立て

関西発達臨床研究所【編】
高橋浩・山田史・
天岸愛子・若江ひなた【著】

A5 判●定価 2090 円

子どもの充実した成長・発達
につながる非認知能力を育て
るための「きんぎょモデル」
を紹介。笑顔を生み出す楽し
い発達支援！

■ 発達障害
発達障害のある子の
パーソナルデザイン
「ぼくにぴったり」のノウハウとコツを見つけて

添島康夫・霜田浩信【編著】

B5 判●定価 2420 円

この子にぴったりの活動・学
び・やりがいを見つけたい。
発達障害のある子が、今、求
めている「パーソナルデザイ
ン」。

■ 特別支援教育
星と虹色なこどもたち
「自分に合った学び方」
「自分らしい生き方」を見つけよう

星山麻木【著】
相澤るつ子【イラスト】

B5 判●定価 2200 円

さまざまな特性のある、こど
もたちの感じ方・考え方を理
解し、仲間同士で助け合うた
めの方法を提案。一人ひとり
のこどもを尊重するために。

税 10%込みの価格です

学苑社　Tel 03-3263-3817 ｜ 〒 102-0071 東京都千代田区富士見 2-10-2
Fax 03-3263-2410 ｜ E-mail: info@gakuensha.co.jp　https://www.gakuensha.co.jp/